温哥华主义 —— 给当代城市的启示

郭旭辉 著

中国建筑工业出版社

图书在版编目（CIP）数据

温哥华主义：给当代城市的启示/郭旭辉著.—北京：中国建筑工业出版社，2021.9
ISBN 978-7-112-26479-7

Ⅰ.①温⋯ Ⅱ.①郭⋯ Ⅲ.①城市化—发展模式—研究—中国 Ⅳ.① F299.21

中国版本图书馆 CIP 数据核字（2021）第 165889 号

责任编辑：李　鸽　陈小娟
责任校对：王　烨

温哥华主义
——给当代城市的启示
郭旭辉　著

*

中国建筑工业出版社出版、发行（北京海淀三里河路9号）
各地新华书店、建筑书店经销
北京雅盈中佳图文设计公司制版
临西县阅读时光印刷有限公司印刷

*

开本：889 毫米 ×1194 毫米　1/20　印张：$11\frac{3}{5}$　字数：275 千字
2021 年 9 月第一版　2021 年 9 月第一次印刷
定价：**148.00 元**
ISBN 978-7-112-26479-7
（37779）

版权所有　翻印必究
如有印装质量问题，可寄本社图书出版中心退换
（邮政编码 100037）

"Vancouverism" is perhaps a way of life, rather than a city in which to live.

"温哥华主义"也许是一种生活方式,而不仅是一座居住的城市。

"Vancouverism" is an internationally known term that describes a new kind of city living.

"温哥华主义"是一个享誉世界的专用词,它被描述为一种新的城市生活类型。

"Vancouverism" combines deep respect for nature with enthusiasm for busy,engaging,active streets and dynamic urban life.

"温哥华主义"结合了对自然的尊重,对于繁忙的、有活力的街道和不断变化的都市生活的热情与关注。

"Vancouverism" means tall slim towers for density, widely separated by low-rise building for light, air, and views.

"温哥华主义"意味着从高耸的塔楼获得容积率,以广泛分布的低层建筑获得采光、通风和景观。

"Vancouverism" means many parks,walkable street, and public spaces,combined with an emphasis on sustainable forms of transit.

"温哥华主义"意味着许多的公园、步行街道、公共空间以及对于稳定的公共交通系统的重视。

世界最宜居城市
全球最佳声誉城市
世界最绿色城市
世界最安全城市
世界最友好城市
北美生活质量
最高城市
全球最佳城市公园
世界最佳图书馆
北美最佳机场
北美最佳
会议中心

序

今天，世界上超过一半的人口生活在城市，而发达国家有超过80%的人口集中于各大都市圈。城市生活对于人的影响超越了以往任何时代，甚至超越国家的范畴。在历史的长河中，为什么有些城市走向衰落，而有些城市快速兴起？政治、经济、文化、地理、气候、环境，是什么因素影响着城市的兴衰？

作为世界上很多指数排序都名列前茅的明星城市，温哥华是世界上公认的宜居城市。然而，我们是否了解构成宜居城市的各种成因？我们是否了解"温哥华主义"（Vancouverism）及其含义，温哥华的DNA是什么？空气质量、水的味道、光、气味、风景、食物以及由此产生的生活方式？如何才能更好地理解这座非同寻常的西方城市，地理的经纬度、海洋河流与山脉、人种与多元文化——关于这座城市，它有众多离散的非线性经验，但是如果把它们聚合在一起，则构成了连续的、独特而有逻辑的城市结构。温哥华就其自然条件可以说是一座被上帝眷顾的城市，它依山傍海、绿树成荫、空气清新、水源丰沛、冬暖夏凉，四季景色宜人，为名副其实的绿色花园城市。然而，放眼全球，世界上有很多城市都位于优良的自然环境带，或者有着悠久的历史与发达的经济，温哥华为何能在众多的城市中独揽众多的殊荣？究竟靠什么成为世界上极具吸引力和影响力的明星城市？温哥华这个仅有280万人口的城市，每年吸引上千万来自世界各地的人们到这里旅游、度假、留学、经商。每年有超过5万来自世界各地的新移民选择定居生活在这座城市。近年来，它以平均超过3%的GDP增长率和低于5%的失业率成为北美洲最耀眼的新经济模式的典范，它以每年几百部影视作品的制作和外景拍摄数量被誉为"北方好莱坞"。它凭借优美的自然景观和丰富的城市景观吸引了全世界旅游者，它以丰富的食材和由各国移民带来的多元饮食文化而被誉为美食之都。众多世界著名高科技企业纷纷入驻这座城市，温哥华以它的宜居性作为吸引力，正在成为北美高科技新城。

  本书以建筑师的视角，通过对这座城市的形成历史、城市规划、建筑设计、景观及其背后的社会文化、法规与城市运营的分析研究，试图解开宜居城市的密码。作者尝试用故事性描述，避免让读者陷入枯燥的专业类书籍的无趣之中，希望读者看到的是一本有血有肉的宜居城市故事书而非教科书。考虑到现在的读者都具备良好的英文基础，本书的一些词句引用了英语原文，可以让读者更直接地进入场景之中，还可以避免翻译所无法达到的准确解读。

作者 2019 年 12 月

于温哥华

CONTENTS 目录

Rising on horizon
第一章　城市形成 …………………………………………… 001

A glance at past A glance at future
第二章　历史建筑保护与城市发展 ………………………… 048

City change
第三章　城市转型 …………………………………………… 073

Vancouver and design master
第四章　星光闪耀温哥华 …………………………………… 086

Citizen city
第五章　公民城市 …………………………………………… 115

Decoding city gene
第六章　多元文化 …………………………………………… 136

It is not enough to rely on the patronage of nature
第七章　绿色城市 …………………………………………… 170

There is no paradise city in the world
第八章　宜居永远在路上 …………………………………… 194

Appendix
附　录 ……………………………………………………… 213

温哥华之父——乔治·温哥华

"To describe the beauties of this region will, on some future occasion, be a very grateful task to the pen of skilled panegyrist."

将来,即使一名妙笔生花的颂者也难以用文字描绘这里的美。

——George Vancouver 1798

乔治·温哥华,1798

Rising on horizon

第一章

城市形成

乔治·温哥华(George Vancouver)

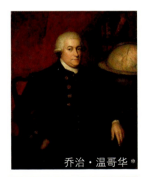

乔治·温哥华*

探险船队*

乔治·温哥华是18世纪航海大发现时代著名的探险家。乔治于1757年出生于英国的诺福克(Norfolk),13岁加入皇家海军少年营,从1772—1780年他两度跟随库克(James Cook)船长探寻南太平洋。1791年航海经验丰富的乔治作为皇家海军船长率领船队沿着北美洲西海岸展开了新航路的探险之旅,船队于1792年6月13日由布拉德湾(Burrard Inlet)登陆,随后对这一带陆地与海岸进行了测绘标注,这一年乔治35岁。虽然同时期西班牙探险船也曾抵达过这一地区,但没有留下过详细文字记载。1795年,乔治圆满完成了北美洲的探险之旅返回英国伦敦,多年的海上生涯和艰苦的工作使得乔治健康状况不佳,一直处于休养状态。1798年5月10日,英国历史上最伟大的航海家和探险家乔治·温哥华由于肾衰竭在伦敦去世,年仅40岁,棺椁葬于圣·彼得教堂墓园。

1886年温哥华正式设市，为纪念第一位到达此地的探险家，城市以温哥华命名。

今日的温哥华以她优美的自然环境和高度的城市文明，成为世界最宜居城市之一，200多年前乔治·温哥华的预言终于成真。

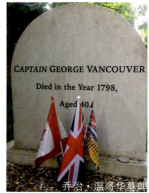
乔治·温哥华墓碑

乔治·温哥华墓地

温哥华煤港

温哥华港口

温哥华福溪

温哥华市区

煤气镇（Gastown）与杰克·丹顿（Jack Deighton）

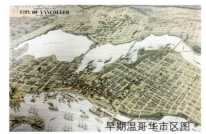
早期温哥华市区图

煤气镇区域图

煤气镇是温哥华城市发源地。煤气镇的名字其实与煤气无关。1867年，一个叫Jack Deighton的英格兰人随着许多来加拿大西部的淘金者和伐木工人由布拉德湾登陆，在如今的温哥华水街（Water Street）一带定居落脚。与众多淘金者和伐木工不同的是，曾经是船长的Jack是来这里开酒吧和旅馆的，他的酒吧叫环球沙龙（Globe Saloon），他喜欢在酒吧里滔滔不绝地给人们讲述他寻找财富的冒险故事。大家除了喝上几杯以外，也来这里交换生意信息，因此他的酒吧异常红火，他也因此获得了"Gassy Jack"这个绰号。原来，在维多利亚时代英语里"gas"可作为动词，"to gas"是爱讲话的意思，"gassy"是个形容词，意思是话痨。正是因Jack Deighton的特点，所以大家给Jack冠以话痨的称呼。这样没过多久，Globe Saloon所在地区被俗称"Gastown"，如果翻译成中文应该叫"侃爷镇"，其实这跟煤气一点都不沾边。1870年由于这一带的发展，英属哥伦比亚殖民政府决定在此设镇。而"侃爷镇"这个名字显然登不上大雅之堂，于是官方正式命名为格兰维尔镇（The Town of Granville）。这个带有贵族和官气的名字来自时任殖民大臣格兰维尔伯爵，它是温哥华最早的一个行政区。但是150多年来，人们很少知道格兰维尔镇，只知道这里叫"Gastown"。

1886年温哥华正式建市，一座崭新的城市就是从煤气镇这里开始……

1971年不列颠哥伦比亚省（BC省）将煤气镇确定为历史保护区。

2009年煤气镇列入加拿大国家历史遗址。

杰克·丹顿雕像

蒸汽钟

煤气镇夜景

煤气镇街景

如今的煤气镇成为温哥华旅游热点地区，这里汇集了众多名牌服装、家居精品店、著名餐厅、酒吧，8家艺术画廊、12家俱乐部。这里吸引了大量建筑设计事务所与创意工作室入驻。精品酒店与时尚公寓引领了生活方式，每年数百万来自世界各地的游客来到煤气镇体验时光倒流的往日情怀。漫步在红砖与鹅卵石铺就的狭窄街道上，19世纪的历史气息扑面而来。纽约时报曾经这样评价煤气镇，"It's Vancouver most dynamic neighborhood."（它是温哥华最具活力的地区）。

节日的煤气镇

夜色中的煤气镇

煤气镇的慵懒时光

煤气镇的历史建筑

煤气镇街景

耶鲁镇（Yale Town）的历史变迁

20世纪30年代的耶鲁镇*

耶鲁镇是温哥华城市中心的一个旧城区，并非是一个郊外小镇。百年前这里是太平洋铁路公司的调车场，在这一区域分布着调车场、装卸场、机车库房、机车维修车间及配套的住宅区，当年来修建太平洋铁路的很多工人来自英国耶鲁（Yale），因此人们习惯把这里称作耶鲁镇。1986年温哥华世界博览会结束后，太平洋铁路公司将调车场移到了城市边缘，这块土地转让给了协和太平洋（Concord Pacific）地产发展公司。这是一个大型的城市再生项目，整个区域有100多公顷，其中滨水的调车场占地67公顷，整体上以太平洋大道为界，北部主要以历史建筑保护与改造为主，大道以南以新建筑为主，历史建筑为辅。在这一巨大的城市再生项目中，几十家建筑设计与规划景观公司参与其中，这一项目的设计思想遵从了"居住优先"（Living First）这一温哥华主义城市理念，在规划与建筑设计中强调了工作、生活与娱乐的零距离连接，强调步行、骑行和公共交通的重要性。纵观北美洲城市，底特律、巴尔的摩等城市的旧区所出现的萧条、衰落，犯罪率上升、地产价值下降，这些典型的城市病让温哥华设计界去思考在旧城区改造中如何重塑城市活力打造宜居之城。历时30多年的建设，这一城市再生项目基本建成。

如今的耶鲁镇，如同纽约曼哈顿的SOHO区一样，聚集了众多的创意公司、科技企业、广告公司、影视公司、酒吧精品店和特色餐饮。沿海湾规划了17公顷的公园绿化带，沿岸设数公里长的滨水人行和自行车路，岸边设有数百泊位的游艇码头，无数人喜欢上这里的独特生活方式，市民可以沿着海堤慢跑、骑车、遛狗、扬帆。耶鲁镇的公寓吸引了众多愿意享受公共交通的市民入住这一地区，这里是温哥华房价最坚挺的地区之一。每年，耶鲁镇都有大量自己的节日活动，许多影视剧选取这里作为取景地。这里成了温哥华深受欢迎的热点地区。

旧厂房改建的时尚建筑

完好保存的20世纪初建筑

耶鲁镇的街头广场

耶鲁镇旧厂改造成网红餐饮街区

餐饮街景1

餐饮街景2

餐饮街景3

餐饮街景4

耶鲁镇历史建筑

耶鲁镇新建筑

新旧建筑对比

新旧建筑共生

建筑文脉传承

耶鲁镇游艇码头

耶鲁镇的午后时光

耶鲁镇城市轮廓线

耶鲁镇滨水景观

中国城（Chinatown）的百年沧桑

华工远渡重洋抵达温哥华*

太平洋铁路的华工*

1857年，大温哥华地区菲沙河谷（Fraser Valley）发现黄金，大批来自美国旧金山，中国广东、福建的华人涌入这一地区，加入到来自全世界的淘金者队伍中。到了19世纪70年代，已经建国的加拿大联邦为了拉拢还处于自治状态的BC领地，提出了修建连通温哥华到东部的横贯加拿大太平洋铁路计划，这在当时是一项极其艰难的工程。面对险峻的洛基山脉，白人劳工畏缩了。而一旦铁路无法竣工，BC自治领地可能会加入相邻的美利坚合众国，那样的话加拿大的历史将被改写。负责这一工程的太平洋铁路公司决定从中国广东招募劳工，当时先后1.7万多名华工漂洋过海来到加拿大，他们的勤劳和吃苦精神向加拿大人展示了中华儿女的优秀品质。但由于艰险的工作环境及异国他乡水土不服，先后有4 000多名同胞长眠于此。当1885年11月17日最后一颗铁路道钉打下之时，平均每一公里太平洋铁路下面，就埋葬着一位华工的遗骨，再也回不去自己的故乡。当太平洋铁路竣工以后，经历了九死一生的华人劳工，开始在温哥华定居下来，加上淘金热（gold rush）之后留下来的华人一起聚集在温哥华市中心的一角，即今天的中国城一带，从事洗衣、裁缝和搬运等工作。正当华工准备安居乐业之时，在白人至上主义的意识下，联邦政府针对华人出台了臭名昭著的"人头税"法案。1885年"人头税"正式征收，金额为50加元，到1900年增加到了100加元，1905年更离奇地涨到500加元，而当时的温哥华，普通华人劳工月薪才10到20加元。

人头税证明*

早年华人全家福*

唐人街历史照片*

唐人街街灯

李鸿章到访温哥华

1896年,昔日清廷洋务运动重臣李鸿章赴欧美游历,到达温哥华时受到华人的热烈欢迎。为了同胞,他向加拿大政府交涉,希望废除"人头税"。但是,李鸿章的交涉,联邦政府置之不理。而对于华人的歧视远不止于此,19世纪80年代,联邦和BC省政府剥夺了华人的投票权,温哥华市政府更禁止华人到唐人街以外的地区发展,禁止华人从事律师和医生工作。

尽管在那个年代面临着重重困难,华人移民先辈们还是顽强地在中国城生存发展了下来,他们当中涌现出一批商界精英。叶春田,广东台山侨领,1864年远渡美国旧金山,1881年来到加拿大,从太平洋铁路公司职员到包工头,1889年创建永生号,永生号位于片打东街(East Pender Street),是唐人街最古老的建筑。叶春田联合一批商业精英成立中华会馆,中华会馆匾额四个苍劲有力的大字出自晚清最后一届科举榜眼朱汝珍手书。三记号商铺创始人Chang Toy,是温哥华唐人街另一位成功的商人。除了三记号外,他还开发了唐人街许多项目。出生于BC省的华人温金有是华人社区的骄傲,在担任中华会馆主席期间,凭借个人掌握的法律知识为华人同胞提供帮助。

"加华丰功光昭日月,先贤伟业志壮山河"这是矗立在温哥华唐人街的加国华裔先贤纪念碑上的一副对联,纪念碑一侧是参加第一次世界大战和第二次世界大战的加拿大华裔老兵铜像,另一侧是付出巨大牺牲的华人劳工雕像。

第一次世界大战和第二次世界大战后很多华裔退伍军人从欧洲战场返回温哥华,选择定居在片打街(Pender Street)和卡罗街(Carrall Street)一带,进一步发展了中国城的规模,由此成为继旧金山之后北美第二大中国城。

1971年中国城被确定为加拿大历史保护区。1980年中国城被确定为温哥华历史遗产保护区。

中华会馆

世界最窄的建筑

华裔先贤纪念碑

黄氏宗亲总会

如今中国城已经成为温哥华重要的旅游景区及研究温哥华城市建设史和研究加拿大华人发展史活的博物馆。100多年来,这里留下了很多历史人物的足迹。1910年和1911年,孙中山先生为推翻清朝封建统治,建立共和国,先后两次到温哥华宣传民主共和主张,进行募捐时就下榻中国城。

　　毫无疑问,身处西方的中国城,其建筑本身是融合了中西文化的混血产物,正因为如此,它的特色才如此鲜明。随着新一代华人聚集城市列治文(Richmond)的繁荣和快速发展,中国城变成了老一代华人的保留地。由于中青年居民的减少,中国城处在衰落与转变之中,建筑老旧、设施老化使得只有中低收入人群和留恋往日时光的老华侨们愿意居住于此。而中国城所处的城市中心区位又使得开发商嗅到了商机,这样,保护与发展就成了中国城面临的社会与学术的重大课题。

中国城牌坊千禧门

唐人街中华门

唐人街街景1

唐人街街景2

唐人街街景3

唐人街街景4

唐人街街景5

唐人街街景6

唐人街街景7

唐人街街景8

温哥华的简·雅各布（Shirley Chan）与高速公路的抗争

Shirly chan*

温哥华是北美洲唯一一个没有高速公路进入市区的大都市。20世纪五六十年代席卷北美的城市更新计划（Urban renewal）来到了温哥华。按照当时的一项雄心勃勃的规划，要建设一条架空六车道的高速公路穿越市中心地区。这一规划的主旨是"消除贫困"（Slum Clearance），计划要拆掉温哥华最古老的社区斯特拉思科纳（Strathcona），生活在这一带街区的居民主要是小商人及工人阶级，这里是城市的发源地之一，适宜步行的街道与众多遗产建筑凝聚了温哥华的历史。

带着对街区的情感和搬迁的生活压力，居民们反对这一规划。当时还是西蒙菲沙大学生的 Shirley Chan 和她的母亲勇敢地站出来挨家挨户地敲门征求居民签名，动员大家加入到保卫她们家园的抗争中。1968年11月她们成立了斯特拉斯科纳业主和租户协会（Spota）。在居民的反对下，拆迁进展非常不顺利，来自公众的压力在1967—1968年达到顶峰。在1968年政府举行的听证会上，Shirley Chan 代表这一街区的市民向政府陈述了反对这一规划的意见与理由：高速公路将令生活在这一地区的居

斯特拉斯科纳地区图*

规划高速公路*

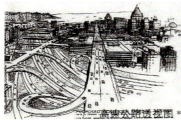
高速公路透视图*

穿越市中心的高速路*

未能实现的高速路*

斯特拉斯科纳住宅

充满生活气息的住宅区

斯特拉斯科纳的教堂

斯特拉斯科纳学校

民失去他们带有情感的家园，业主们将失去他们的工作场所，城市将变成他们不熟悉的样子……本来负责斯特拉思科纳搬迁工作的政府雇员Darlene Marzari，在听完Shirley的发言后，反而认同了市民们的意见，随后加入到市民与政府沟通的行列。历经近十年抗争，最终，联邦住房部长Hellyer宣布冻结了用于温哥华高速公路建设与城市拆迁的联邦资金并决定取消这项由加拿大联邦、BC省与温哥华市三级政府投资的大规模城市更新计划。斯特拉斯科纳这片凝聚了温哥华城市历史的街区得以保存下来。

1981年新当选的市长Mike Harcourt在就职演说中讲道："Shirley Chan和Darlene Marzari是两位你可以指着他们说，他们就是温哥华为什么变成如今这样有吸引力的城市的原因。这两位女士真真正正地帮助拯救了我们的城市。"

如今的温哥华与北美汽车文化为主导的城市理念不同，完整地保留着100多年前的道路网络系统。作为北美唯一一个没有高速公路与高架桥进入市区的大都市，温哥华坚持自己的观点：高速公路与高架桥撕裂了城市空间，切割了城市历史，破坏了城市景观，误导了出行习惯，造成了不良的交通循环。拥堵→建设高速公路或高架桥→车辆增加→新的拥堵，毫无疑问，20世纪60年代的高速公路抗争对于今天的温哥华而言是决定城市宜居与否的重要历史事件，也是现代城市发展史上关于旧城保护与城市发展这一课题的教科书式的经典案例。

斯特拉斯科纳新建筑

斯特拉斯科纳新建住宅

斯特拉斯科纳公寓

社区街景

公园城市与樱花之都

温哥华是加拿大唯一设置公园局的城市（Vancouver Park Board）。

公园局管理着全市：
- 240个城市公园
- 3个竞赛高尔夫球场
- 24个社区中心
- 153个运动场地
- 5个海滩
- 2个游艇码头
- 1个帆船码头
- 1个皮划艇码头
- 遍布全市的街头绿地

温哥华公园面积占全市土地面积的11%，是一个举世闻名的公园城市。

斯坦利公园（Stanley Park）

斯坦利公园

斯坦利公园是温哥华第一座也是最大的一座公园，面积为400公顷（约1 000英亩），比纽约中央公园（843英亩）还要大，是世界最大的城市公园之一。公园保留有50万棵原生树木，很多高达百米。1888年9月27日斯坦利公园开园，它以当时加拿大总督斯坦利爵士的名字命名。斯坦利公园三面环海，一面与市中心相连，对于寸土寸金的温哥华来说这块巨大的绿色空间显得无比珍贵。历时半个世纪修建完成的8.8千米长的海墙是市民散步、骑行、滑板及欣赏城市和海湾风景的绝佳场所，这里也是很多好莱坞大片的取景地，每年吸引900多万来自世界各地的游客。

公园大道

海墙

观光马车

图腾柱

女王公园（Queen Elizabeth Park）

　　女王公园坐落在温哥华市区最高点，1919年太平洋铁路公司将这块52公顷的采石场捐给了温哥华公园局，由于经费的原因，直到1930年才开始建设。1939年伊丽莎白女王访问温哥华，公园局以女王的名字正式命名这座公园。女王公园巧妙地利用地形建成了一座空间丰富多样的植物王国，同时这里也是观赏温哥华城市美景的打卡之地。公园有一组英国著名雕塑家亨利·摩尔（Henry Moore）的雕塑，这组雕塑共有三件，分别放置在伦敦、纽约和温哥华。雕塑家J·Seward Johnson捐献给公园的热门摄影师雕塑非常受人喜爱。女王公园的热带温室植物园收藏了上千种热带植物和鸟类。

女王到访温哥华*

连心锁雕塑

热带植物园

雕塑1

雕塑2

植物园

中心花园

玫瑰园

范度森植物园（VanDusen Botanical Garden）

　　范度森植物园是一座私人花园，占地55公顷，是由一座高尔夫球场改建而成。这座精美的植物园收集了来自全球7 500多种树木花卉，游客中心建筑是一个成功的建筑设计作品，将功能、艺术与节能完美地结合在了一起。

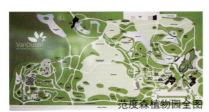
范度森植物园全图

游客中心屋顶

入园通道

中心花园

游客中心局部

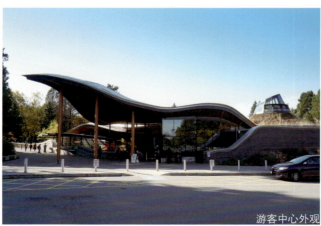
游客中心外观

游客中心花店

中山公园（Dr.Sun YatSen Classical Chinese Garden）

1986年，海外首座经典的明式中国园林中山公园，由社会各界出资，由温哥华市政府提供土地，由苏州工匠营造完成，以纪念1910年和1911年孙中山先生两度访问温哥华，留下的历史足迹。宋庆龄女士为中山公园亲笔题字。

孙中山雕像

水榭连廊

六角亭

荷花池

水榭

理水

堆山

连廊

太平洋精神公园（Pacific Spirit Park）

太平洋精神公园位于不列颠哥伦比亚大学（UBC）和温哥华西区之间。这是一片763公顷的原始森林，温哥华市政府曾几次研讨是否将其变成居住用地。对于土地资源极其珍稀的温哥华来说，若将其转变成居住用地，其市场价值将极其惊人。经过长期讨论，最终还是决定保留作为公园用地，而且保存了它的原始风貌，使之成为温哥华的一大氧吧，是温哥华最野的城市公园。

太平洋精神公园全图

公园鸟瞰

城市森林

樱花之都

早年温哥华樱花树

1930年，作为友好城市，日本的横滨、神户赠送给温哥华500棵樱花树，种植在了斯坦利公园，以纪念在第一次世界大战中献身的日裔加拿大战士。几年后，市民被樱花的美丽震惊了，刚巧公园局正在寻找城市绿化多样性的新树种以解决当地传统树种及欧洲外来树种存在的一些问题。像红杉树（Redwood tree）、冷杉树（Abies tree）、榆树（Elm）、板栗（Chestnut）、梧桐树（Sycamore tree），很多树高达几十米，体型巨大，树根破坏人行道及下水管，而樱花树高只有7米左右（20~25英尺），姿态美丽，因此被公园局选作城市绿化的重要树种培育繁殖。

由于温哥华人不了解日本的樱花文化（日本人通常将樱花种植在公园、寺庙和墓园），因此少了日本樱花种植传统的限制，开始在温哥华的大街小巷遍植樱花树。1958年，日本政府为了加强两国友谊，又赠送温哥华300棵新的樱花树种。历经近一个世纪的发展繁育，温哥华如今的樱花树已经超过日本东京，共有54个品种，5万多棵。每年3月底到5月初，一波又一波樱花相继盛开，城市被淹没在花海之中。在这座城市，由于历史的偶然，樱花这种东方树种成了温哥华这座西方城市的特色文化，而能把树木种植变为文化应该是绿化的最高层次意义，它远远超越了绿化率指标那样的简单范畴。它将城市空间中自然与历史、城市与故事有机地结合在一起，城市韵味由此而生。

盛开的樱花

福溪岸边樱花树

樱花大街1

樱花大街2

樱花大街3

樱花大街4

樱花大街5

公园樱花

海滨樱花

市区樱花

《温哥华人类居住宣言》与宜居城市

温哥华俯瞰

温哥华远眺

1976年联合国在温哥华召开了第一届人类居住大会，这是世界最高层次的关于人居环境问题的国际会议，认识到人类居住条件直接影响人类社会和经济发展这一问题。针对全球城市扩张速度惊人，且不受控制的城市扩张造成严重的环境、生态后果以及大量出现的社会问题，会议通过了《温哥华人类居住宣言》和《温哥华行动计划》（Vancouver Action plan）。《温哥华人类居住宣言》包含了64条行动倡议，分为人居政策和战略、定居点规划、住宅基础设施和服务、土地、公众参与和机构管理六个方面。此次大会，各国代表一致同意成立联合国人居委员会（后改为"联合国人居署"）。

作为《温哥华人类居住宣言》主办城市，温哥华第一个践行了"温哥华行动计划"。20世纪70年代末温哥华提出"居住优先"的城市理念，引导城市向宜居方向发展。与20世纪北美的分区规划理论相反，温哥华倡导建立混合型城市。经过对洛杉矶等大型美国城市中央商务区的研究发现，单一功能的中央商务区白天人潮涌动，到了夜晚成了空城，交通问题、治安问题与城市活力问题充分显现。因此，温哥华的"居住优先"理念，反映在城市中心的规划上是将居住、办公、商业、娱乐交错混合在同一区域，零距离共享工作、生活和娱乐空间，打造有活力的城市中心。

经历40多年的发展，温哥华连续十几年位居世界最宜居城市及生活质量最高城市。温哥华的城市发展，并没有扩张城市的用地范围，它只是利用城市转型将工业用地转变为居住、商业及公园用地。作为加拿大人口密度最大的城市，温哥华是北美西岸使用公共交通、自行车和步行出行比例最高的城市，人均汽车使用量最少、碳排放量最低的城市，其成功经验值得思考借鉴。

耶鲁镇滨海居住区

煤港滨海非机动车大道

温哥华商住混合区

BC省

著名的 *Lonely planet* 杂志这样写道"造物主一定是怀着无比喜悦的心情来设计加拿大的BC省，它的美好并非只限于巍峨的山峦和轮廓分明的海岸线，还有非凡的菜肴、丰富的文化和可穿越的原野，观赏驼鹿棕熊的公路行程……"

BC省的全称：The Province of British Columbia，老华侨们也称"卑诗省"。

BC省位于加拿大西海岸，土地面积944 735平方千米，比法国、德国、荷兰面积总和还要大，约为4个英国的土地面积。2019年统计，BC省人口为503.4万人，超过一半人口生活在大温哥华都市圈。BC省是海洋大省，拥有6 000多座岛屿，海岸线全长27 000千米，最大岛屿温哥华岛与台湾岛面积大小相当。BC省有9座国家公园，640座省立公园，公园与保护区面积占全省土地面积的14%。森林面积60万平方千米，占陆地面积的63%，湖泊、河流水域面积广阔，淡水资源丰富，人均占有量是世界人均淡水量的140倍，农业和城市用地只占3%。

优鹤国家公园

海岸山脉

生物多样性

BC 省生活着加拿大 50% 以上种类的陆地动物。大熊雨林（The Great Bear Rainforest）是世界最大的温带雨林，位于 BC 省中部，这里有茂密的原始雨林、波澜壮阔的海岸线、幽深的山壁洞穴、神秘的原住民图腾、林间的动物精灵……这里栖息着棕熊、黑熊、美洲狮、灰狼以及珍稀的柯莫德熊（又称白色灵熊）。自然与生物造就了这方遗世独立的一片天地。

大熊雨林

由于鹿、黑熊、麋鹿、山羊等动物繁殖过快，BC省是世界上少有的可以捕猎大型动物的地区。

棕熊＊　白熊＊　北美驯鹿　郊狼　山羊／大角羊　黑熊＊

加拿大鹅　北美麋鹿　浣熊＊　驼鹿　狩猎

BC沿岸生活着灰鲸、逆戟鲸、小须鲸、海豹、海豚、海狮及种类丰富的海洋生物。1905—1972年，BC省捕杀了三万多只鲸鱼。1972年世界绿色和平组织在温哥华创立，经过立法，制止了商业捕鲸。目前，观鲸成了BC省热门旅游项目。BC省沿岸是世界上野生三文鱼的主要洄游地。每年秋季大量三文鱼从海洋逆水而上，洄游到BC省的河流产卵，这一壮观的生命循环展现了BC省良好的生态环境。

海岸鱼类＊　观鲸船＊　BC沿岸鲸鱼＊　三文鱼洄游

景观资源

2010年世界冬奥会举办地惠斯勒（Whistler）距离温哥华一小时车程，是著名的滑雪度假胜地。哈里森温泉（Harrison Hot Springs）坐落于哈里逊湖畔，是距离温哥华最近的温泉景区。

2010年冬奥会　滑雪场　惠斯勒小镇　哈里逊湖

基隆拿（Kelowna）位于奥肯纳根湖畔，是受欢迎的避暑胜地，以湖光山色美景著称，也是BC省著名的酒乡，几百家酒庄沿湖畔星罗棋布，虽然加拿大的冰酒世界闻名，然而，很少人了解奥肯纳根也是世界优质葡萄酒产地。欧肯纳根谷（Okanagan Valley）有着肥沃的土壤、充沛的阳光、清洁的水源，加上来自法国、德国、阿根廷移民所带来的酿酒技术，使得这里出产的葡萄酒有着很高的品质。

奥肯纳根湖葡萄园

湖畔酒庄

基隆那小镇

BC酒庄

位于卑诗省与阿尔伯塔省交界处的班夫国家公园（Banff National Park）有着令人窒息的美景，吸引了包括伊丽莎白女王、查尔斯王子、荷兰公主、影星玛丽莲·梦露等无数世界名人与千百万游客前来观光。《断背山》等好莱坞大片更是选择在这里拍摄。由温哥华到班夫的登山者号（Rocky Mountaineer）观光列车被评为一生应该坐一次的世界四大豪华列车之一。

班芙国家公园

登山者号列车

登山者号列车内景

路易斯湖

冰川公园

玻璃桥

景观步道 1

景观步道 2

观景台

班芙小镇

路易斯湖

城堡酒店

观光马车

酒店门廊

百年酒店

游人如织的小镇

1915 年，为了将银矿石从南库特尼运输到温哥华而修建了当时的凯托谷和哥伦比亚西部铁路（The Kettle Valley Railway and the Columbia & Western Railway）。凯托谷铁路步道（The Kettle Valley Rail Trail）蜿蜒延绵 650 千米，通过高架桥和隧道，途经壮丽的山景和湖光山色，穿越了几乎不可能穿越的地形，被评为"世界上最美丽的步道之一"。2003 年奥肯纳根山公园发生森林火灾，烧毁了部分路段之后耗巨资重新修建完成。如今，部分路段被列入世界遗产名录，这条步道成为加拿大最具活力的徒步和骑行路线之一，是探索 BC 省野外空间和历史的最佳途径。

凯托谷步道

铁路步道景观 1

铁路步道景观 2

铁路步道景观 3

铁路步道景观 4

海达瓜伊（Haida Gwaii）曾被称为夏洛特皇后群岛，它位于温哥华岛的北部，由400多座岛屿组成，居民仅有几千人，绝大部分为原住民海达人。这里是宁静的大自然处女地，是探寻原住民历史文化的活的博物馆，是一块与世无争的世外桃源。

海岸景观 1

海岸景观 2

海岸景观 3

海岸景观 4

有着温哥华九寨沟之称的优鹤国家公园（Yoho National Park）和神奇迷幻的斑点湖都是BC省独有的自然景观。

优鹤国家公园

如果你留意BC省的汽车牌照，会发现上面有一行字"Beautiful British Columbia"（美丽的不列颠哥伦比亚），有别于普通的车牌，它反映了BC省对于美丽家园的自豪，BC省的官方宣传口号是"The Best Place on Earth"（地球上最好的地方）。

作为广袤的城市腹地，BC省得天独厚的自然环境、丰富的物产和独特的人文孕育出了温哥华这座宜居城市。

BC省车牌1

BC省车牌2

BC省车牌3

斑点湖

温哥华

温哥华是加拿大西海岸最大的城市，是西岸经济、金融、科技、文化、交通、旅游业中心城市。近年来，由于其电影业迅速发展，被誉为"北方好莱坞"（Hollywood North）。温哥华三面环海，西北部有绵延的洛基山脉和海岸山脉，阻挡了来自北极的冷空气，虽然纬度很高，但是气候湿润舒适宜人，冬季平均气温0℃以上，夏季平均22℃。

温哥华是加拿大最大的林业产品出口城市。新闻纸和纸浆出口量位居全球第一，软木出口量居世界第二位。全国40%的出口谷物在此外运，是加拿大石油、天然气的主要出口港口。

温哥华的第二产业有传统的木材加工、造纸、罐头食品、纺织、印刷等，第二次世界大战后发展了造船、飞机制造、炼铝、石化等现代工业。

随着城市的发展，温哥华逐步外迁了第一、第二产业。如今，服务业占比超过80%，科技、金融、交通、教育、旅游、电信、电影和建筑业在北美具有很高的知名度。

居住区俯瞰

加拿大最大的港口城市温哥华*

森林城市温哥华*

宜居城市温哥华*

繁华都市温哥华*

休闲城市温哥华*

作为大温哥华的都市核心，温哥华市区面积只有115平方千米，人口却达70万，人口密度在全加拿大最高。为了保住作为世界宜居城市的人居品质，温哥华努力地在传统的低层低密度居住舒适性与高层高密度的居住可负担性之间不断进行着平衡，"温哥华主义"就产生于这种平衡的过程之中。温哥华200多年历史形成的独特的城市生活形态，为东西方城市发展提供了可借鉴的样板。

多元文化色彩浓厚的温哥华，拥有丰富多彩的城市生活。除了各种各样的节日活动外，可以欣赏戏剧、音乐会，品赏世界各地的美食，体验时尚酒吧、各类俱乐部及夜总会。温哥华依山傍海，拥有滑雪、狩猎、垂钓、观鲸、航海、飞行等各种运动休闲设施。这里林木苍翠，风景秀丽，空气清新（$PM_{2.5}$常年在10以内），登山、远足、骑行、健身成了市民生活方式的一部分。

自行车桥　　格尔岛　　福溪
煤气镇　　观鲸船　　加拿大人冰球队
煤港　　杰里科海滩　　奥运村

大温哥华（Greater Vancouver）

　　大温哥华是以温哥华作为核心的一个城市群，由22个独立政府与地区组成，面积2 700平方千米，人口280万。大温哥华都市区设立都市管理委员会，以协调交通、能源、供水、污水与固体垃圾处理、紧急救援、产业转移与经济互补。大温哥华的城市各具特色，共同构成了丰富多彩的大温哥华都市圈。

昆特兰大学

弗雷泽河口

温哥华远眺*

省府维多利亚

温哥华夜景

狮门桥

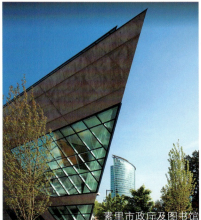
素里市政厅及图书馆

本那比商业中心

多元文化城市列治文（Richmond）

　　列治文位于温哥华市南部的弗雷泽河（Fraser river）对岸，面积129平方千米，属于冲积平原，土壤肥沃，盛产优质蓝莓。19世纪，来自欧洲和日本的移民来到这里从事农业、捕鱼和罐头加工。20世纪上半叶，温哥华国际机场在列治文海岛（Sea Island）建成后，人口快速增长。1997年起，来自中国香港、台湾和大陆的华人十分钟情于这座城市，纷纷选择定居于此。2017年加拿大人口统计显示，列治文的华裔人口占52%，是欧美国家第一个华人超过50%的城市，成为温哥华新的中国城。列治文商业发达，与亚洲的商贸往来十分紧密。这座24万人口的城市拥有昆特兰理工大学（KPU）和BC理工学院（BCIT）两所大学。列治文人均寿命85.7岁，位列加拿大第一，超过

伊斯兰清真寺

列治文中心商物

蓝莓

日本神社

冬奥会速滑馆

佛教寺庙

昆特兰大学

渔人码头

了长寿之国日本。列治文的渔人码头是集历史与自然风光于一身的旅游区，众多好莱坞大片均在此拍摄。2010年温哥华冬奥会的速滑馆，如今成了市民运动中心。温哥华国际机场连续十年获得"北美最佳机场"称号。

风景优美的温哥华国际机场

花园般的候机厅　　候机厅内小河　　候机厅水族馆

森林中的城市北温哥华（North Vancouver）

北温哥华是一座埋藏在森林中的城市，它与温哥华隔海湾相望，通过东西两座桥梁和轮渡与温哥华相连接。位于北温哥华林恩峡谷（Lynn Canyon）的卡皮拉诺吊桥（Capilano Suspension Bridge）建于1889年，是著名的旅游景点。吊桥公园有高达百米、世界最大的活的圣诞树。每年的圣诞节，这里成为童话仙境。位于北温哥华的松鸡山（Grouse Mountain）海拔1200米，是登山和滑雪爱好者的天堂，站在山顶可以俯瞰温哥华城市和布拉德海湾的壮美景观。

百年历史的皮卡拉诺吊桥

松鸡山观光缆车　　北温哥华远眺　　船厂市场

海滨游览区

舒适宜居的西温哥华（West Vancouver）

仅有 5 万人口的西温哥华以优质学区和优美的居住环境而闻名，西温哥华是加拿大最富裕的城市，平均房价位于加拿大之首。西温哥华背山面海，拥有无与伦比的美丽海景。西温哥华绿树成荫，是全球富豪与名人的隐居之地。西温哥华与温哥华之间隔海湾相望，通过著名的狮门大桥与温哥华市中心相连接。

风光秀丽的马蹄湾

新旧并存的新西敏（New Westminster）

1858年新西敏曾一度是英属哥伦比亚自治领地的首府。直到1866年以前一直是大温哥华地区最大的城市，随着温哥华的快速发展，新西敏的城市地位降为温哥华的附属城市。

进入21世纪，伴随着温哥华房价的难以负担和架空列车（Sky Train）的开通，新西敏以其历史情调和滨河景观的优势，吸引了温哥华市居民，成为大温地区最有发展潜力的城市之一。

新西敏河岸景观

河岸公园

滨河市场

河滨公寓

新西敏老城区一角

老城区历史建筑

老城区一角

现代化新城本那比（Burnaby）

本那比市因其依托著名的西蒙菲沙大学（Simon Fraser University）而成为科技发达的城市。本那比位于温哥华东部，仅一街之隔，北面临布拉德内湾（Burrard Inlet）。

本那比高层建筑林立，公共交通便利，商业发达。城市以26万人口居大温哥华第三位，华裔和韩裔移民占人口很大比例。90公顷的本那比中央公园（Central Park）、鹿湖公园（Deer Lake Park）景色优美。本那比湖公园是居民观鸟的最佳场所。

绿树掩映的本那比市

本那比公园　绿头鸭　秃鹰　鸳鸯　戏水

温哥华最大的商业中心——铁道镇商场

从鹿湖公园远望本那比市

最具潜力城市素里（Surrey）

素里作为大温哥华人口第二多（54万）的城市，因其土地面积最大（316平方千米），房价的可负担性好而发展迅速。

素里的华人与印度裔移民近年来不断增长，其软件业与新兴制造业发展势头强劲。西蒙菲沙大学（SFU）与昆特兰理工大学分校也分别入驻素里。素里有"公园城市"的美称，它有超过2240公顷（约5 600英亩）的公园面积，15个高尔夫球场。

素里位于加拿大与美国边境。1921年建成的和平门是著名的旅游景点，也是两国的边境口岸。

位于南素里的白石镇（White Rock）是一座风光秀美的海滨养老度假胜地。

加拿大和美国边界公园和平门

小伦敦维多利亚（Victoria）

维多利亚本不属于大温哥华，它位于温哥华岛的最南端，若要去往温哥华，需要乘坐大型轮渡穿越乔治亚海湾。但是作为一个与温哥华密不可分的城市，自然成为大温哥华编外的一员。

维多利亚市在19世纪温哥华岛自治领地与英属哥伦比亚自治领地合并后取代新西敏市成为BC首府，如今是BC省政府所在地。维多利亚充满了英伦风情，其街道、建筑散发出古典怀旧的气息，这里是加拿大最温暖的地方，因此成了观光旅游、度假与养老的理想城市。

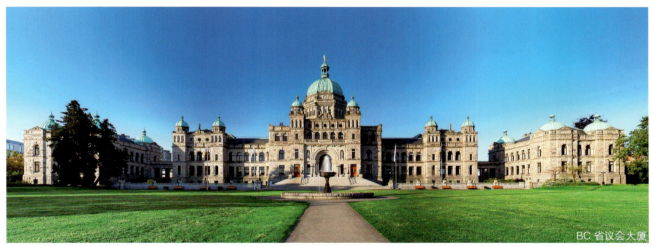
BC省议会大厦

帝国酒店

海滨码头

帝国酒店码头

酒店咖啡厅

历史建筑

英伦风情商业街

经典的百年建筑

气候宜人的城市

观光马车

布查特花园

大喷泉

中心花园

花谷

新旧建筑交相辉映

A glance at past　A glance at future

第二章

历史建筑保护与城市发展

　　行走在温哥华的街道上，各种风格的百年建筑随处可见，很多建筑的外墙上都挂着这样的铜牌，这是由温哥华市政府认证的历史遗产建筑标志。每一幢建筑的标牌记录着这座建筑的名称、建造年代、设计人及相关的重要事件。一个标牌揭示出一座建筑的往事，如果将温哥华 2 239 座遗产建筑合订起来那就是一本生动的城市故事书。

　　温哥华是一座年轻的城市，它的形成只不过 200 多年历史。因为如此，它十分珍惜自己的城市文脉，小心而精细地保护着历史遗产建筑。然而，如同世界许多城市在发展过程中经历过的特殊阶段一样，在 20 世纪 40 年代到 80 年代期间，温哥华有三栋非常著名的历史建筑在争议声中被拆掉了，这成了温哥华城市永久的痛。

遗产建筑标牌 1

遗产建筑标牌 2

建于20世纪初的温哥华酒店*

远处为乔治亚牙医大厦*

左图这栋曾出现在明信片中的建筑是由太平洋铁路公司于1914年建成的C·P·R Hotel Vancouver，这栋酒店是当时温哥华最精美的建筑之一。40年代，由于当时最时尚的商业业态——百货商店的兴起，伊顿百货公司（Eaton's）买下了这座酒店及整块街区用地，计划建造新的百货大楼。当时BC省建筑学会、温哥华旅游协会及温哥华艺术委员会联合反对，无奈由于当时没有建筑保护立法，1949年这栋建筑被拆掉了。

左图这张明信片中的建筑是建于1929年的乔治亚牙医大厦，被称为当时北美西海岸最精美的Art deco风格建筑，80年代中期在温哥华市民强烈的抗议声中被拆毁。

右边这张照片上的建筑是建于1920年的伯克斯大厦（Birks building），在1974年被拆除之时还引起了抗议者与开发商的冲突，并由此导致政府、市民与学界对于历史遗产建筑保护立法的强烈呼声。

博克斯大厦*

1986年温哥华正式启动了建筑遗产保护项目。遗产保护分为二个层级：

一、Heritage Conservation Area　　　　（遗产保护区）
　　Shaughnessy Conservation Area　　（桑那斯居住历史保护区）
　　Gastown Conservation Area　　　　（煤气镇历史保护区）
　　Chinatown Conservation Area　　　（中国城历史保护区）
　　Yaletown Conservation Area　　　　（耶鲁镇历史保护区）

二、Heritage building Conservation　　　（建筑遗产保护）
　　A类：最优秀遗产
　　B类：优秀遗产
　　C类：有文脉关联或特色遗产

A	**(Primary)**	The site represents the best examples of a style or type of building. It may be associated with a person or event of significance, or early pattern of development.
B	**(Significant)**	The site represents a good example of a particular style or type, either individually or collectively. It may have some documented historical or cultural significance in a neighbourhood.
C	**(Contextual or character)**	The site represents a building that contributes to the historic character of an area or streetscape, usually found in groupings of more than one building, but may also be of individual importance.

历史建筑遗产分类 *

自从1986遗产建筑保护项目开展以来，截至2018年4月，共计列入遗产保护建筑2 239项。其中：

A 类遗产 256 项

B 类遗产 1 161 项

C 类遗产 813 项

建筑遗产保护项目包含了三个关键内容：

1. 遗产登记

2. 公众教育及奖励

3. 遗产管理

目前，温哥华在历史保护区内的建于1940年以前的建筑已经不允许拆除，除非举行了听证会而通过论证批准。而位于保护区以外与建筑遗产相邻的新建项目可以建设但需要经过专家与市民的论证会与听证会多个程序才能得到批准。

在保护的同时，为了鼓励优秀建筑作品的出现并不断丰富建筑遗产，超过20年建成历史的优秀现代建筑也可以通过评选论证列入建筑遗产名录。

如今的温哥华在历史保护与城市发展的不断平衡中走出了一条自己的经验之路，让城市文脉得以健康延续。

桑那斯（Shaughnessy）历史保护区

在温哥华绿树成荫的西区，有一片历史遗产保护区第一桑那斯（First Shaughnessy）。不同于洛杉矶比华利山，第一桑那斯区完全是传统风格建筑。其人文历史底蕴十分丰厚，区内优美的林荫大道与古老尊贵的百年豪宅让人流连其中，有时光倒流恍若前世的错觉。如今，在世界范围内找到保存如此完好的住宅区已经是非常困难的事情了。

第一桑那斯的历史可追溯到100多年前。在19世纪末，这片土地归属太平洋铁路公司（CPR）所有。1885年太平洋铁路公司与BC省政府签订协议开发这一地区，他们请来建筑师Frederick Todd和工程师L.E Derick承担规划设计工作，受当时"田园城市"（Garden City）设计思潮的影响，路网规划采用浪漫曲线设计手法，区内各种风格建筑鳞次栉比，法国古典主义、英式乡村风格、都铎风格、荷兰殖民风格、英国艺术与工艺风格、早期现代主义风格等，其背后透露出建造这些大宅的主人对他们原籍国建筑风格的喜爱。第一桑那斯占地100公顷（约250英亩），以太平洋铁路公司总裁Thomas Shaughnessy爵士的名字命名。

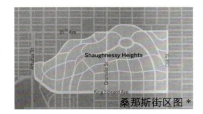

桑那斯街区图 *

这片住宅区在1907年温哥华城市繁荣发展时期开始兴建。这里每一幢大宅都透着非同一般的精美华贵，许多建筑空间里都埋藏着影响温哥华的人物与历史故事。

海格夫特庄园（Hycroft Manor）

海格夫特庄园门廊

位于1489 Mc Rae Ave的海格夫特庄园建于1911年，是由亚历山大·麦克雷将军（General Alexander Duncan McRae）和他的妻子布兰奇（Blanche McRae）建造。当时投资10万加币，而在那个年代3 000加币就可以买到一幢崭新的独栋住宅。海格夫特庄园建在桑那斯（Shaughnessy）的核心区域，是A级遗产建筑。1942年麦克雷和妻子将海格夫特庄园捐给加拿大政府，并在第二次世界大战期间

精美的古典复兴风格建筑*

慈善音乐会

庄园宴会

作为军官医院使用。1962年温哥华大学女子俱乐部（UWCV）买下海格夫特庄园并向公众开放。庄园如今完好保留着全套古典家具与油画，每到节假日大量活动在这座庄园举行。

格兰布雷庄园（Glen Brae Manor）

格兰布雷庄园

位于1690马修斯街（Matthews Street）的格兰布雷庄园，建于1910年。他的主人是来自苏格兰的温哥华木材大亨。历经近百年，它的第二位主人伊丽莎白·沃辛斯基（Elisabeth Wolsinsky）1991年在她临终前将布雷庄园捐给了温哥华市政府，她只有一个要求，房子不得用于盈利，仅用于造福社会。1995年11月30日，这栋历史建筑经过翻修，成为世界上第二家、北美第一家独立的儿童临终关怀机构——Canuck place Children's Hospice，它的宗旨是让每一位临终儿童能感受到生活的美好。

罗丝玛丽庄园（Rosemary Manor）

都铎风格的罗丝玛丽庄园

建于1913年的这栋都铎风格的建筑是BC省酒业大王Albert·Tulk的宅邸。建造耗时十年，是当时BC省最贵的住宅。建筑面积1260平方米（约14 000平方英尺）。房屋主人以他唯一的爱女罗丝玛丽的名字来命名这座美丽的建筑。

100多年来，虽然住宅的主人几经变化，但是，出于对建筑遗产的尊重，这座建筑被完好地保留下来，并不断地进行修缮。

庄园完工时的照片

舞厅

门厅

建筑细部

梅费尔庄园（Mayfair Manor）

建于1928年的梅费尔庄园是桑那斯保存完好的都铎风格建筑。市场价值2 280万加币。在加拿大购买历史建筑的买家除具有殷实的家业外，还要有历史与文化的情怀，只有具备这些条件，才能保护与传承好这些精美的历史遗产。

梅费尔庄园夜景

都铎乡村风格的梅费尔庄园

门厅

中厅

家庭厅

餐厅

温哥华安格斯大道1450号（1450 Angus Drive Vancouver）

安格斯大道1450号住宅

这幢安格斯大道的贵族豪宅，紧邻第一桑那斯的最佳位置。影星凯瑟琳·赫本、尤尔·布莱纳、梅尔·吉布森都曾坐在这座豪宅中欣赏过朝南向阳的美丽花园和泳池。该豪宅占地2775平方米，建于1929年，拥有7间卧室，5.5间浴室，两间传统经典的客厅和多个用餐区，这座豪宅最初由一位报业巨头拥有，这座C类遗产建筑如今风韵犹存。

历史建筑保护奖励

2016年10月3日，温哥华议会通过保留建于1940年以前的历史建筑奖励办法（Incentives for the Character Home）。温哥华不实行僵化的历史建筑保护，对于属于历史建筑的特色屋，屋主在保护历史建筑的状况下，可以扩建地下室及在后花园奖励建设后巷屋第二套居所。

位于桑那斯的一栋历史建筑，由于有政府关于遗产建筑奖励政策可以扩大地下建筑面积，因此把老屋顶升起来，待地下室建好后再恢复原有地上建筑。温哥华市全市约有1.5万幢建于1940年以前的特色屋，其中1.2万幢符合奖励办法。

扩建地下室的历史保护建筑

架空细部

位于维多利亚的一幢历史建筑将要改造成高级公寓楼。拆除内部结构，保留了建筑外立面。待新建筑建成后，复原历史建筑外观。

历史建筑外墙保护

原有建筑内部拆除

新建筑将保留历史建筑外表皮

建筑的故事

"If there is no way to adapt to the times, these buildings will come to an end."（如果没有办法适应时代，这些建筑将会走到尽头。）

——温哥华遗产协会帕特里克·古恩（Patrick Gunn）

道明信托大厦（Dominion Trust Building）

帝国风格的道明信托大厦

温哥华第一座全钢结构建筑

遗产建筑标牌1

遗产建筑标牌2

建于1910年的道明信托大厦是温哥华第一栋高层建筑，采用全钢结构，共13层，高53米。虽然帝国风格的外观与钢结构的表里不一，但仍不失为一座里程碑式建筑，20世纪初被称作温哥华城市发展的黄金30年。

邮政大厦（Post office Building）

建于1910年的邮政大厦是一座精美的新古典风格建筑，坐落在温哥华主要商业街黑斯廷斯街（Hastings Street），如今改为商业和办公用途，由同时代建筑组成的街景，反映了20世纪早期温哥华的城市风貌。

古典复兴风格的旧邮政大厦

改建的钢结构中庭

外观细部

太阳塔（Sun Tower）

建于1912年的这栋17层、82米高的建筑是当时加拿大和英联邦的最高建筑，1937年被温哥华最有影响的太阳报社买下，由此被称为太阳塔。

帝国风格的太阳塔大厦

建筑细部

建成时的照片

中央火车站和海滨车站（Central Station & Pacific Railway Station）

1918年完工的温哥华中央火车站是温哥华仍在运营的主要火车终点站。

遗产建筑标牌

古典复兴风格的中央火车站

保留着百年前的座椅

仍在使用的候车大厅*

遗产建筑标牌

建于1914年的温哥华海滨车站是集火车、轮渡、直升机、地铁于一体的交通中心，两座百年车站确立了温哥华作为西海岸中心城市的地位。

维多利亚时代风格的海滨火车站

候车大厅

海港大厦（Marine Building）

建于20世纪20年代后期的海港大厦是温哥华最经典的Art Deco风格建筑，建筑师为George c Nairne。建筑高度97.8米，保持了十年北美西岸最高建筑记录，它的形体比例、材料色彩、工艺细部都完美体现了那个时代的艺术风华。

遗产建筑标牌

艺术装饰风格的海港大厦

建筑细部

建筑主入口

天花藻井

历史照片

入口细部

电梯厅

狮门大桥（Lion's Gate Bridge）

1938年建成的狮门大桥连通了温哥华和北岸。这一工程设计出自旧金山金门大桥同一设计师，是北美第二大跨海悬索桥。不同于旧金山大桥的红色，狮门大桥采用绿色桥身来与温哥华森林环境融为一体。

狮门大桥夜景

大桥细部

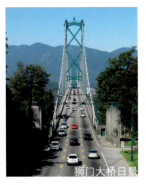
狮门大桥日景

温哥华费尔蒙酒店（Hotel Vancouver）

1939年建成的温哥华费尔蒙酒店采用城堡式风格（Chateauesqe-Style），建筑师为John Smith Archibald。建成以来接待过英国女王及世界上众多的政经首脑，至今仍然是温哥华重要的地标建筑。

遗产建筑标牌

法国城堡风格的温哥华费尔蒙酒店

温哥华城市地标建筑

建筑细部

历史照片*

电梯厅

邮箱

手绘设计图纸

总服务台

美洲罐头厂（American Can Company）

建于1925年的美洲罐头厂是当时北美最大的食品厂。设计采用早期现代主义包豪斯风格，1988年进行了局部改扩建，并一直生产至今。

包豪斯风格的美洲罐头厂

建筑细部

多层厂房

奇异小屋（Whimsy house）

建于1940年的奇异小屋由屋主Brenton请来同样幽默的建筑师Ross Lort设计自己的住宅，如今这幢小屋已经是温哥华一

奇异小屋

屋顶细部

处受欢迎的景点。小屋也被称为穴居矮人小屋（Hobbit house），虽然设计采用英国乡村风格，但所有建造材料均为本地取材。极具童话色彩的屋顶采用BC省罗松木瓦片铺成，工艺与建造难度极高。

奥芬剧院（Orpheum theater）

修复后的奥芬剧院

明星墙

剧场天花

剧院大厅

剧院环廊

20世纪40年代完工的奥芬剧院是温哥华极具影响力的艺术殿堂。50年代以后，随着有声电影的快速发展，传统剧院运营日益困难。有地产商看好奥芬剧院所处的城市中心位置，欲买下这个剧院然后拆掉建设高层建筑。8 000多愤怒的市民写信给市政府阻止这项交易。最终，在社会各界的压力下，市政府以390万美元买下了这座剧院，并出重金翻修，请来著名建筑师保罗·梅里克设计，这座历史建筑得以重生，几十年来无数知名艺术家和交响乐团在此登台演出。在这里，建筑艺术与音乐凝固成历史留存在这座建筑之中。

一眼过去，一眼未来

市政厅（City hall）

温哥华市政厅于1936年建成，在众多的比选方案中选出的这一实施方案，对于温哥华有两个重要意义：第一，选择了现代主义风格（早期现代主义），对城市创新带来引导性作用；第二，选址走出了市中心半岛，引导了城市向南发展，扩大了城市空间。

遗产建筑标牌

早期现代主义风格的温哥华市政厅

市政厅局部

市政厅细部

历史照片*

美术馆和BC高等法院（Art gallery and BC Law Court）

建于1906年的BC省高等法院是一座帝国风格的建筑。设计出自建筑师Francis Ratterbury。到了20世纪60年代，BC省计划拆掉现有的法院建筑，在原有场地建设50层高的新法院大厦和政府办公楼。由于方案面对来自社会的广泛反对，1970年通过投票表决否定了塔楼设想。继而委托著名建筑师亚瑟·埃里克森（Arthur Erickson）承担设计工作。亚瑟·埃里克森于1972年提出他的"Horizontal Highrise"设计概念。

他的法院综合体建筑构想是保留1906年的BC省法院并将其改为温哥华美术馆,并在原有建筑的东侧建设法院新楼,新旧建筑之间是温哥华最繁华的罗布森大街,开挖地下广场形成共享空间。新建筑占用三个街区500米纵深,建筑高度只有42米,采用层层退台的空间处理。在高楼林立的城市中央设计的这栋建筑丰富了城市天际线,大台阶、瀑布、广场、屋顶花园组成的城市综合体成了温哥华最低矮的城市地标。

BC省高等法院建筑作为法院建筑成功案例被列入世界现代建筑史的教科书。

早期法院大楼　　水池与瀑布　　法院大厅雕塑

法院大台阶与屋顶花园　　过街通道　　法院大厅室内

夏浓庄园（Shannon）

1913年温哥华糖业大亨Benjamin Rogers厌倦了城市豪宅区的车马喧嚣，于是在农场主William Shannon那里购买了一块4公顷（约10英亩）的农地来建造他的第二个家。当1925年完工之时，富丽堂皇的夏浓庄园是多伦多以西最大的私人住宅。不幸的是，Rogers在它完成之前就去世了。1935年之前，他的妻子和孩子们一直住在这里。在夏浓庄园的鼎盛时期，这里是温哥华大型社交舞会的主场。1967年金融家Petter Wall以750 000加元的价格购买了这处物业。2011年夏浓庄园开始了保护性开发，新项目保留了主要的历史建筑及50%的地面用作绿化和广场。遗产建筑得到了保护的同时，又为这一区域增添了时代感。

历史照片

遗产建筑标牌

夏浓庄园西入口大草坪

夏浓庄园新建筑

新旧建筑融合

新住宅

历史建筑

皇家银行大厦（Royal Bank Building）

建于1929年的皇家银行大厦原计划建设双塔楼，由于财力所限，1931年只建成了这栋83米高的东塔楼。2016年一项新的设计方案——在大厦西侧空地建设一幢钢结构玻璃办公塔楼，而不是采用古典风格的双塔楼设计。20世纪20年代的双塔设计如今采用传统与现代对话的方式在半个多世纪后得以实现。

皇家银行大厦西塔楼

皇家银行大厦新建东塔楼*

教堂广场（Cathedral place）

教堂广场大厦

1991年建成的教堂广场大厦位于温哥华市中心，旁边是历史建筑——教区主教堂。基地是20世纪80年代中期被拆掉的牙医大厦，一栋精美的Art Deco风格建筑。邀请温哥华著名建筑师保罗·梅里克担纲设计，大厦除立面造型与周边传统建筑相呼应外，大厦的外部与内部的很多用材也取自原牙医大厦拆下来的保留构件，甚至将原有医疗大厦的雕塑都镶嵌在了建筑四角。透过这幢现代建筑，仍能唤起历史的记忆。

历史建筑构件植入新建筑

大厦外观

原有建筑雕塑保留下来

橡树岭商业中心（Oakridge Mall rebuild）

1959年建成的位于41街的橡树岭商业中心是温哥华第一座商业中心。历经60载的繁荣与辉煌终于谢幕。虽然温哥华人恋恋不舍，但由于商业面积与业态已经不能满足需要，未来一个全新的集商业、居住、办公、餐饮、社区中心、图书馆、影院及4公顷屋顶立体花园于一体的温哥华最大型城市综合体已经启动。这个代表未来派的建筑将创造新的动感生活街区，引导低碳、宜居的温哥华生活模式。

橡树岭商业中心重建方案*

商业中心原貌

俯瞰图*

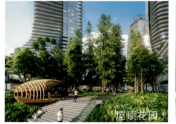
屋顶花园*

住宅阳台

拱门大厦（The Arc and one Pacific）

位于 Cambi 桥头的这两幢建筑是通向市中心的大门。The Arc 采用现代凯旋门的设计手法将空中俱乐部游泳池设在 80 米高空。技术与视觉的挑战使得这幢建筑极具吸引力。建筑的外立面采用曲线造型，柔化了城市轮廓，像一对生命体在城市中起舞。One pacific 打造度假般宜居环境。围合的空中庭园和出挑的鱼缸式游泳池带来生活中不同的趣味。

研科花园（Telus Garden）

2017年建成的研科花园是集科研总部大厦、酒店、商业及住宅于一体的综合体，位于市中心的西佐治亚大街。研科花园由著名的 Henriquez Partners Architects 设计公司承担设计，它是温哥华第一座获得 LEED（能源与环境设计先锋）白金五星级办公楼。它在雨水收集系统、太阳能系统运用上为大型建筑的低碳节能树立了样板。沿城市主街的翼廊，采用钢和木材，突出了科技感与地方特色的结合，巨大的中庭空间是茶歇与工作的共享之地，屋顶花园把太阳能板作为遮阳板，为员工提供了观赏海湾美景及工间休息的平台，科技感与人性化结合得恰到好处。

研科花园大雨篷

屋顶太阳能板

空中大堂

屋顶花园

鸟瞰图*

构成主义的建筑细部

城市广场（City Square）

城市广场中庭空间

遗产建筑标牌

城市广场是温哥华市中心的一个特殊的城市综合体项目，它包含了两幢历史遗产保护建筑——建于1905年的教师培训学校和温哥华模特学校。历经百年时光，如何将新的商业中心与传统砖石建筑保护性结合起来，是这个项目面临的挑战。

建筑师Paul Merrick在建筑群的中心设计了一个钢结构的拉丁十字式商业街和贯穿的玻璃屋顶，新旧建筑在结构体系上完全独立，将现代材料与开放空间与古典建筑风格有趣地连接起来，大胆又谨慎地处理新旧建筑之间的功能与新旧建筑之间的对话。以他纯熟的技巧成功演绎了一个跨时代的设计作品，带给了人们奇妙的时光穿梭的体验。1989年项目建成并获得了"温哥华建筑遗产奖"和"国际最佳商业更新"大奖。

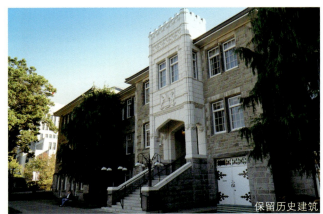
保留历史建筑

新旧建筑的碰撞

城市广场入口

城市广场中厅

二层平面

一层平面

Senakw 地区重建

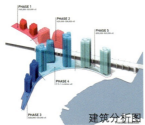
建筑分析图

区位图

渲染图

Senakw 是原住民斯阔米什（Squamish）族的一个村庄保留地，位于温哥华跨海大桥布拉德（Burrard）桥头西侧，与凡尼尔（Vanier）公园相邻。斯阔米什族是北美印第安人的一大分支，根据 1876 年的印第安法律，这块土地归原住民所有。2019 年原住民斯阔米什族决定将这块 11.7 公顷的土地与西海岸最大开发商 WestBank 合作，开发建设 6 000 户住宅，其中 70%~90% 用于出租以解决温哥华的住房紧张状况。如今这块土地所处的位置可谓寸土寸金，紧邻福溪，与市中心隔内湾相望，周边公园、展览馆、大学、商街应有尽有，是众多开发商垂涎之地。设计方案采用具有浓烈原住民特色的造型与色彩，同时又不失现代感。

环境分析图

立面图

局部立面图

今日的温哥华煤港*

City change

第三章

城市转型

福溪（False Creek）的前世今生

70年前的福溪污染严重

　　福溪是温哥华市市中心半岛和温哥华市区之间的一条内海湾。半个世纪前，温哥华是个污染严重的工业城市。那时，福溪一带聚集了众多的木材加工厂、机械制造厂、建材厂、造船厂及运输码头，加上城市污水得不到有效处理向内湾排放，福溪成了污染严重的黑水湾。20世纪50年代，曾经有人提出要想解决福溪这条受到严重污染的海湾的唯一

073

办法是将它填平。由于工程量巨大，该计划经过论证是不可行的。1966年，UBC大学提出了居住与新产业发展理念。随后城市规划师Walter Hardwick组织团队策划了福溪土地重整计划，为日后统一规划分阶段实施的城市改造做准备。

图中显示红色是太平洋铁路公司的土地，黄色是温哥华市政府的土地，绿色是BC省及联邦政府土地，蓝色是BC省水电局的土地，灰色是私人土地。

1980年太平洋铁路公司首先转让了调车场给BC省政府作为1986年世界博览会用地，随后开始拆除设施、治理污染、修筑海堤工程。1986年世界博览会在温哥华成功举办，治理过的福溪北岸就是世博会的主要展场。2010年冬奥会在温哥华举行，奥运村就建在福溪南岸，利用一片原来的工业区，在拆迁与保留的选择中建成了具有工业历史印记的宜居的奥运村。

福溪土地归属示意图

1986年世博会展场*

今日福溪俯瞰

福溪岸边住宅

新旧建筑的共生

岸边商业

保留下来的旧厂房

住宅楼

奥运村广场

商业

福溪岸边

　　东北福溪（Northeast False Creek）是福溪改造的最后一部分。在整体规划中用地的50%用作公园及绿地空间，商业与住宅建筑后退在公园后面。项目规划师Kevin Mc Naney表示，温哥华市民对于公园的期待非常强烈。在这里将建成温哥华市中心之肺，至于住宅，它们将会"藏"在森林里。

　　如今的福溪成了温哥华的一张名片。在蓝天白云下，福溪碧波荡漾，两岸分布着各种文化、展览、休闲、运动及商业设施，各种类型住宅构成了丰富多元的滨海社区。福溪两岸修建了20多千米

北福溪城市公园规划 *

北福溪商住区规划 *

长的自行车和人行步道，沿途串联了多个公园，每年有大量的水上活动在这里举行。历经半个多世纪的努力，福溪完成了华丽的转身。

北福溪俯瞰

福溪建成区俯瞰

碧水蓝天的福溪景色

洗去煤尘的煤港（Coal Harbour）

煤港以前属于加拿大太平洋铁路公司所有，作为装卸煤炭的B、C号码头及港口用地。1986年温哥华世界博览会成功举办，极大地推动了城市发展与城市转型。随着码头作业区的外迁，这块滨水区的珍贵价值日益凸显出来。20世纪末，政府对于东起加拿大广场（Canada place）西到湾岸花园（Bay shore garden）区域进行了整体规划，内容包括了新的会展中心、五星级酒店、写字楼、公寓、社区中心、公园绿地及游艇码头。

煤港是整个温哥华城市改造的关键性一笔，它将城市规划、城市设计、城市景观、绿色节能、道路交通与水上交通等多学科、多专业都系统地组织在一起，完成了城市旧区的再造与创新。

温哥华新的会展中心有着3万多平方米的屋顶花园与露台，巨大的落地玻璃幕墙使得会展中心将内部空间与外部城市景观融为一体。像这个城市的个性一样，会展中心也尽显舒适、宜人的建筑性格。

海岸花园（Bay shore garden）是位于煤港西段的一个居住区，以优雅、清新的现代主义风格，结合绿化环境的精心营造，完美诠释了温哥华主义的人居特色。

沿着煤港海岸线规划了近5千米长的滨海步道，这里没有机动车，只有行人及自行车道，建筑物后退海岸线200~500米。巨大的城市开放绿地成为市民喜爱的场所，这里成了画家及影视片取景地，也是音乐家的表演场，既是新郎新娘的婚礼草坪，也是夏季日光浴和户外阅读的好地方。

沿海岸设置了近400个泊位的游艇码头。在临近会展中心的水面是水上飞机起降机场，是游览观光的起点与终点站。

20世纪初的煤港*

煤港早期规划效果*

今日煤港俯瞰

煤港环境设计

湾岸住宅区

大片的绿地草坪

水上飞机泊位

游艇泊位

游艇码头

煤港住宅区

艺术之岛格兰维尔岛（Granville Island）

格兰维尔岛入口

20世纪初的格兰维尔岛

公共市场

格兰维尔岛是温哥华福溪上的一个半岛，与市中心隔海湾相望。早期的格兰维尔岛被称为工业岛（Industrial Island），主要为金属加工、修船厂及建材厂。1930年鼎盛时期岛上有1 200多名工人。20世纪60年代，随着工厂的外迁，格兰维尔岛逐渐开始衰落。1972年政府聘请Hotson Bakker建筑师事务所对小岛进行了重新规划，定位于休闲、散步、餐饮和公共艺术区。通过当时前卫的、以大众艺术展示为核心的设计布局，使它成为一个守护本土文化、充满勃勃生机的艺术社区。

公共市场是格兰维尔岛的一大亮点，利用原有工业厂房改造的公共市场充满了手工艺术品、食品、新鲜蔬果及带有异域风情的各国料理，令人流连忘返。

格兰维尔酿酒厂建于1984年，这座传统风格的酿酒厂给温哥华带来了全新的工艺啤酒体验。在这里可以参观酿酒区，听工作人员讲解工艺啤酒（Craft beer）的酿造过程，还可以在餐厅酒吧品尝样酒。

格兰维尔酿酒厂

酒吧

工艺啤酒

海洋混凝土建材厂（Ocean Concrete）是一个至今仍在生产的混凝工厂。20世纪末邀请巴西著名双胞胎兄弟画家Octavio and Gustavo在混凝土塔上做了大型绘画，生动有趣，将传统的工业生产演变成了时尚艺术。

改造前的混凝土罐

改造后的混凝土罐

艺术家作画

艺术化的混凝土车

格兰威尔岛酒店（Grnville Island Hotel）是一家由厂房改造成的时尚精品酒店，內外空间均彰显艺术风范。

酒店入口

室外餐厅1

室外餐厅2

工厂改建后的酒店

修船厂的各种老爷艇在这里不紧不慢地修着，看起来它的展示功能更强于它的修造功能。

商业街

修船厂

老爷艇

游艇

爱米丽·卡尔（Emily Carr）美术学院无疑是格兰维尔岛的重要建筑，其工业风的校区是由旧厂房改建而成的。2018年美术学院搬迁到了新校区，为其他艺术机构的进入留出了可利用空间。

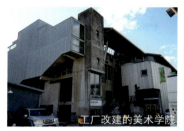 工厂改建的美术学院
 美术学院展廊
 新建的美术学院
 展廊

格兰维尔岛拥有大量的音乐、舞蹈及美术培训学校和艺术家工作室，这里成了温哥华青少年艺术培训的摇篮。

 儿童话剧
 儿童表演
 艺术培训中心
 画廊

经过多年发展，格兰维尔岛成了北美最为成功的社区转型模板之一，受到了本地居民和世界各国游客的喜爱。格兰维尔岛尽可能保留了原有的工业设计风格，保持历史的延续性，将旧设备封存在建筑内，将铁轨镶嵌在路面中，将轮船螺旋桨和工业塔吊仍然留在原地，定格了历史时光。如今漫步在行人如织的格兰维尔岛上，从百年留存的鹅卵石街道、铁路、机车和工厂遗迹中依然能看到工业时代的印迹，艺术与生活的共生、穿越时空的对话是格兰维尔岛的魅力所在。

 小岛午后时光
 游艇码头
 格兰维尔岛餐厅

老吊车

旧火车

混凝土罐

旧船桨

时光交错的格兰维尔岛

小剧场

斯蒂夫斯顿和渔人码头(Steveston and Fish'pere)

渔人码头

20世纪初的渔人码头

斯蒂夫斯小镇位于宽阔的弗雷泽河口,是海河交汇之处。原住民——第一民族千百年来在这里以捕食三文鱼和鲟鱼为生。自从欧洲人抵达这一地区,原住民的游牧渔业生活方式被改变了。1880年斯蒂夫斯买下了大片土地定居在这里,从此这里叫作"斯蒂夫斯顿"(Steveston)。随后开始大量建设三文鱼罐头厂、造船厂,商店、邮局、银行也纷纷在此开业。到了1890年,已经有15家三文鱼罐头工厂从事生产。大量来自日本、中国和欧洲移民涌入这里。斯蒂夫斯顿大有要与煤气镇一争高下的发展势头。建于1894年的乔治亚湾罐头厂(Gulf of Georgia Cannery)是BC省最大的罐头企业,被称为"怪兽罐头厂"(Monster

Cannery），年产250万桶罐头。到了第一次世界大战时，斯蒂夫斯顿的发展达到了顶峰，一度被称为世界三文鱼之都。这座小镇生活着大量日裔移民，他们横渡太平洋来到这里，从事捕鱼或在三文鱼罐头厂做工。第二次世界大战期间，作为同盟国的加拿大将所有日裔拘留在战时集中营。由于第二次世界大战，斯蒂夫斯顿开始走向衰落，大量工厂相继关停，到了1979年最大的罐头工厂乔治亚湾罐头厂也走到了尽头，斯蒂夫斯顿开始寻求转型与发展之路。

乔治亚湾罐头厂*

老照片*

20世纪初罐头厂生产线*

码头档口

码头小街

码头栈桥

渔人码头是一片位于斯蒂夫斯顿的濒水码头区，在19世纪末20世纪初这里往来的渔船为罐头工厂提供新鲜的三文鱼，并将三文鱼罐头发往世界各地。如今的渔人码头是大温哥华著名的旅游观光景点，在这里可以上船买到新鲜的海货，在各式餐厅可以品尝各具特色的海鲜美味，可以乘船出海观鲸，也可以沿渔人码头观赏美景。

观鲸船码头

码头商业街

渔船靠港

1979年加拿大联邦政府买下了乔治亚湾罐头厂并将其改造成博物馆。斯蒂夫斯顿在作为大温哥华历史遗产保护区的前提下，结合自身的历史、文化，发掘和发展了小镇的旅游业、餐饮业、商业和文化产业。随着小镇的日益繁荣吸引了大量居民在此置业。如今斯蒂夫斯小镇和渔人码头也成为影视剧的热门拍摄地。小镇的特色风光和小城故事构成了它的风情万种，吸引了来自世界各地的人们。

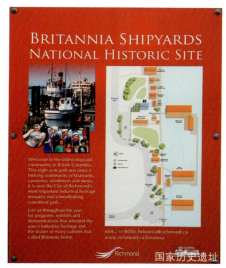
国家历史遗址

历史保护区一角

宁静的渔港

老钟

邮局

小巷

住宅

夜色中的温哥华

Vancouver and design master

第四章

星光闪耀温哥华

亚瑟·埃里克森（Arthur Erickson）

亚瑟·埃里克森

亚瑟·埃里克森是诞生于温哥华的世界知名现代主义设计大师，1924年6月14日出生于温哥华，毕业于UBC和麦吉尔大学，获得双学位，他一生的创作活动以温哥华为中心展开。1963年，初出茅庐的他赢得了西蒙·弗雷泽大学的设计竞赛，一代大师由此展现了他的设计才华。项目位于大温哥华本那比的一座山上。他的设计打破了以往大学教学楼设计常规，将建筑群架空于山顶，形成巨大的中庭花园，在建筑环廊之下不仅可以欣赏开放的内部空间，也可以眺望远处的群山

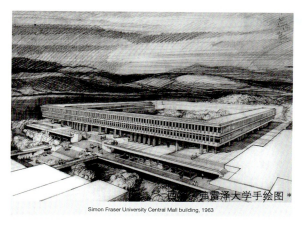

Simon Fraser University Central Mall building, 1963

和秀丽的海湾。设计充分体现了现代建筑的流动空间理念，建筑外立面采用当时流行的元素——混凝土外墙，突出了建筑的雕塑感。在建筑的内部空间设计中充分利用自然光线，营造了生动的内庭效果。建筑与自然的对话在这个设计中体现得淋漓尽致。

1976年，亚瑟·埃里克森接受委托承担温哥华UBC人类学博物馆设计。由加拿大联邦和BC省政府投资兴建的人类学博物馆是北美西岸原住民文化艺术收藏展示中心。他运用清水混凝土与大幅玻璃，采用类似传统木结构的现代构成手法，让内外空间相互渗透，打破了空间界面，使建筑如同生长在自然环境之中。

亚瑟·埃里克森于2009年5月30日去世，享年84岁。大师一生代表性作品还有BC省高等法院、加拿大驻美国大使馆、世界博览会加拿大馆、流水住宅等众多存世作品。

主教学楼环廊

图书馆

大水池

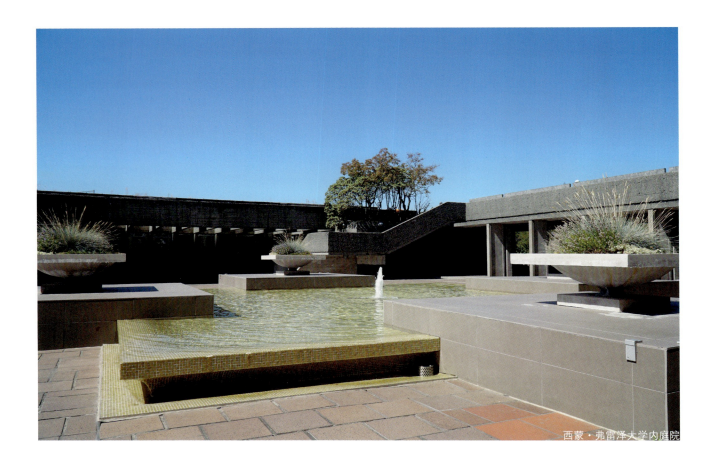

西蒙·弗雷泽大学内庭院

主教学楼入口

雕塑

建筑细部

中庭屋顶

中庭

内廊

环廊

流水住宅

BC省法院大台阶

BC省法院

BC省法院

流水别墅

流水别墅

人类学博物馆

人类学博物馆

摩西·萨夫迪（Moshe Safdie）

摩西·萨夫迪*

图书馆模型*

67号住宅

摩西·萨夫迪是以色列裔加拿大建筑师。1938年7月14日出生于海法，1954年跟随家人移居加拿大蒙特利尔，1961年毕业于麦吉尔大学。毕业后到费城师从路易斯·康（Louis Kahn），1967年返回蒙特利尔，成立自己的设计事务所，并以1967年蒙特利尔世界博览会67号住宅作品轰动了现代建筑界。

1992年，温哥华中央图书馆举行设计招标，摩西·萨夫迪的作品最终赢得了设计竞赛。他的设计灵感来源于古罗马建筑，采用了柱廊和拱券结构，外观为土黄色清水混凝土。一个巨大的中庭直达7层高的玻璃屋顶，沿着一层中庭一侧设置了咖啡厅及商业街，构成了文化城市氛围，各层开敞空间为大型阅览及开架书库，围绕中庭空间为独立阅览区。图书馆设置各种媒体会议空间、专业培训教室以满足大量讲座交流与培训需求。温哥华是一座非常重视图书馆的城市，最早的图书馆建立于1887年。他设计的温哥华中央图书馆是温哥华在20世纪90年代最大的一项公共建筑投资。温哥华中央图书馆以其建筑特色和良好的运营被评为"世界最佳图书馆"。2017年温哥华中央图书馆获得捐款，欲扩大儿童阅读区，并重建屋顶花园，为读者开辟室外阅读与休息空间。除温哥华中央图书馆外，摩西·萨夫迪在多伦多、新加坡、以色列、华盛顿均留下令人难忘的设计作品。

温哥华图书馆入口

建筑细部

建筑局部

温哥华图书馆

屋顶花园

图书馆中庭

入口大台阶

蔡德勒（Eberhard H Zeidler）

蔡德勒*

蔡德勒是世界知名的德裔加拿大建筑师。1926年出生于德国布劳恩斯多夫（Braunsdorf Germany）。毕业于包豪斯建筑设计学院（Bauhaus school of Architecture and Design），这一所现代主义建筑摇篮学校。

1951年蔡德勒移民到加拿大，进入Black well and Craig设计公司。1975年在多伦多成立蔡德勒建筑师事务所。蔡德勒与同样移居多伦多的简·雅各布斯（《美国大城市的死与生》的作者）是好朋友，他们关于宜居城市与市民城市的思想相互影响。

包豪斯的教育背景对蔡德勒重视技术在建筑中的作用有着深刻影响，其严谨的设计风格也贯穿作品始终。

加拿大广场是温哥华的地标性建筑，位于布拉德内湾。这里原来是太平洋铁路公司于1927年修建的客货码头，是铁路与海运的连接点。为了迎接1986年温哥华世界博览会，温哥华需要国际会议

加拿大广场邮轮码头

中心、邮轮码头和新的酒店。由加拿大联邦、BC省和温哥华市三级政府投资兴建的加拿大广场这一巨大的城市综合体，设计任务就交由中标的蔡德勒担纲。1982年项目开始动工修建，由伊丽莎白女王、时任加拿大总理皮埃尔·特鲁多和BC省长威廉·博内特共同浇下第一罐混凝土。1986年世博会开幕前查尔斯王子和戴安娜王妃参加了加拿大广场的竣工剪彩。加拿大广场是集会议中心、泛太平洋酒店、温哥华世界贸易中心、邮轮码头等多种功能业态于一体的超级工程。建筑像一艘巨轮驶出海岸，高耸的五帆造型与绵延起伏的群山、碧波荡漾的海湾组成了一幅和谐的画面。

五帆下面是会议和展览中心，通过一个七层高的中庭与泛太平洋酒店和国际贸易中心相连。五帆的平台侧面可以同时停靠三艘世界最大吨位邮轮。

一幢建筑可以定位一座城市。加拿大广场借助1986年的世博会将温哥华推向世界级城市。

加拿大广场是集会议、展览、办公、酒店、游轮码头于一体的城市综合体建筑

保罗·梅利克（Paul Merrick）

保罗·梅利克*

保罗·梅利克出生在西温哥华，1964年毕业于UBC，1984年成立自己的建筑设计事务所。他的建筑总会从历史、文化、生态、未来这些方面来体现建筑的社会价值。他喜欢不断地创新，他不仅拥有庞大的知识体系，还对建筑充满了无限热情。

保罗·梅利克是加拿大目前在世的著名"西岸现代主义"代表性建筑师，获得过"总督建筑金奖"等许多奖项。他一生的创作生涯以温哥华为中心展开，是"温哥华主义"的建筑实践者，BC省建筑学会（AIBC）2014年授予他终身成就奖。

位于温哥华市中心，西佐治亚街400号的这幢24层写字楼由Merrick Architecture+OSO Design设计。建筑周边是一个转型演变和重新崛起的地区，其中包括前邮政大楼和拟议中的温哥华新美术馆。

这座建筑被设计成一组有趣的"堆叠"盒子，堆叠的盒子在多个方向捕捉了城市周围的景致，每个盒子4层楼高，其宽度与高度相等。立方体之间的空间则被绿色植物所覆盖，绿植将各组盒子捆绑在一起。

从建筑的内部看，绿色植物的三维性使空间更加丰富。盒子之间创造出来的建筑内部是一个连续又各自独立的空间。盒子的底层地面是钢化玻璃，将花园、办公室和街道在视觉上连通起来，在这栋建筑里，视线不仅是水平的，也是垂直的。

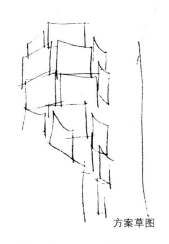

方案草图

这幢建筑建成后将是苹果公司在旧金山以外，北美西海岸第二研发总部。项目预计2022年完工。大厦也被赋予另一个名字"绿灯笼"（Green Lantern）。

苹果公司温哥华总部办公楼

设计构思

毗邻图书馆

堆叠的玻璃盒子

鸟瞰图

室内

俯瞰街道

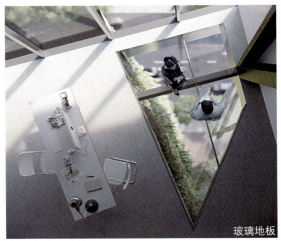

玻璃地板

绿色大厅

诺曼·福斯特（Norman Foster）

诺曼·福斯特*

英国著名建筑师诺曼·福斯特2004年第一次在北美洲的温哥华承接了杰姆森大厦（Jameson House）这栋高层住宅＋办公楼建筑。项目位于温哥华历史街区，临近布拉德海湾。项目基地内包含一栋需要完整保留的建于1921年的A类历史遗产建筑和一栋建于1929年的需要完整保留建筑外观的B类遗产建筑。

杰姆森大厦建筑用地不到1 000平方米，设计难度与施工难度极高，地下7层，地上26层，建筑的一、二层裙房与原有的B类保护建筑连通，裙房上部为8层高的办公楼，办公楼上面为16层住宅塔楼。为了获得布拉德海湾的景观，他将住宅客厅错位悬挑，形成了一组活泼的玻璃曲线。

杰姆森大厦及保护建筑

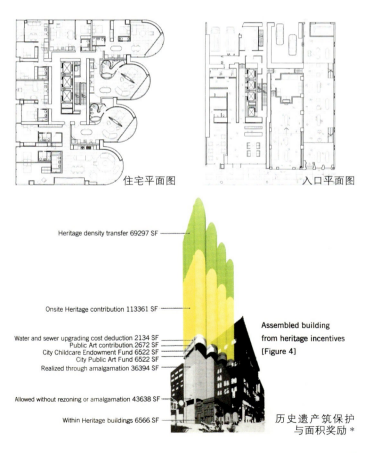

住宅平面图　入口平面图

历史遗产筑保护与面积奖励*

097

诺曼·福斯特的设计试图在历史建筑区用现代材料和设计语言与传统建筑进行对话，并将复合功能建筑与整个街区构成一个可持续的城市建筑文脉关系。

杰姆森大厦由于其设计与施工难度的关系，历时7年，于2011年完工。项目获得了"温哥华建筑遗产"奖、"UDI优秀都市发展"大奖。

该项设计由于对历史遗产建筑的尊重与保护，发展商获得了建筑容积率奖励。

建筑的保护与创新

建筑与城市

新与旧

建筑细部

住宅阳台

比雅克·英格斯（Bjarke ingels）

由温哥华最著名地产公司Westbank投资建设的温哥华一号公馆（Vancouver House）邀请了世界知名建筑师比雅克·英格斯担纲设计。他被美国《时代周刊》评为"对世界最具影响力的100位人物"之一，他"善于打破建筑边界，创造独特的建筑设计"。

温哥华一号公馆位于福溪北岸，格兰维尔街大桥（Granville Street Bridge）引桥将基地分割成三块不规则三角形。设计既要考虑桥上汽车噪声、废气和视觉干扰，也需要能解决住宅、办公与商业功能需求。因此，设计面临巨大挑战。然而，巨大的温哥华一号公馆一经呈现便让人们为之惊叹。这座59层大厦塔楼为避开跨海大桥引桥而呈曲面旋转上升，在空中划出一道优美曲线。另外两个三角形用地是多层商业、时尚与创意空间，建筑的斜坡屋顶设计成空中花园，在格兰维尔街大桥引桥上的行人与车辆如同行走在建筑的绿色山谷之中。

2015年世界建筑节，温哥华一号公馆获得"未来建筑"大奖，并且这是全球第一座LEED白金认证的超高层住宅。它的建成使得原本环境杂乱的引桥周边成为全新的集时尚、艺术、商业、居住、办公于一体的温哥华"新天地"。

比雅克·英格斯*

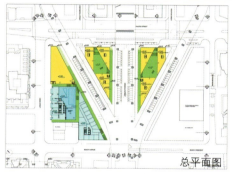
总平面图

方案分析

建筑与环境

建筑与艺术

建筑模型

建筑与环境 1

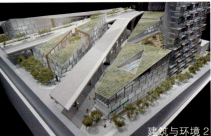

建筑与环境 2

建筑与环境 3

隈研吾（Kengo Kuma）

隈研吾*

隈研吾1979年毕业于东京大学建筑系，1990年创办隈研吾建筑都市设计事务所，是当今全球最具影响力的建筑师之一。

阿伯尼（Alberni）项目是隈研吾先生在北美洲承接的首个大型设计项目。它结合了温哥华温润的气候特点，将水、木材和绿化引入高层建筑之中，体现了隈研吾所追求的建筑与自然的"暧昧"关系。在设计中融合了加拿大BC省丰富的木材和日本庭园艺术，展现了"回归自然"的设计理念。

构思之源

方案草图

阿伯尼项目的设计构思来源于BC省的高山冰川，并用建筑语言真实地赋予在这栋43层建筑中，建筑拥有6个不同角度外观，步移景异。结合温哥华温润的自然气候，首层设计成开放式入口庭园，让建筑融合在城市环境之中。以叠木结构为主题的室内泳池，反映了隈研吾在日本式自然观里汲取的独特禅意。叠木结构以鲁班锁为原理，完全靠自身结构连接支撑，体现了设计师的匠人精神。

建筑外观以木材、玻璃、金属和混凝土相结合，室内外空间尽显简约奢华。电梯的内饰也反映出山水意境，体现了建筑师的细节处理与艺术修为。

立面1

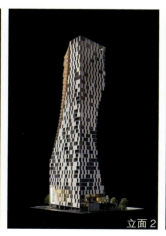
立面2

立面3

立面4

入口裙房

方案分析*

住宅阳台

建筑细部

建筑夜景

建筑日景

建筑模型

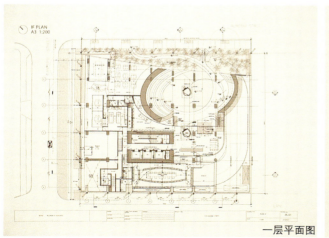

一层平面图

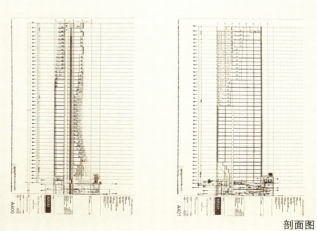

剖面图

泳池空间

顶层复式住宅

外阳台

入口大堂

主卧

谭秉荣（Bing Thom）

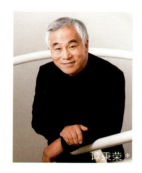
谭秉荣

2016年10月4日，加拿大著名华裔建筑师谭秉荣在由温哥华飞往香港的飞机上因突发心脏病逝世，享年75岁。

谭秉荣1940年出生于香港，9岁随家人移民温哥华，先后毕业于UBC和加州伯克利大学，毕业后师从亚瑟·埃里克森。1981年成立自己的设计事务所。他是继贝聿铭之后北美洲最有影响力的华裔建筑师，于2011年获得加拿大建筑师最高荣誉RAIC金质奖章，是温哥华主义的倡导者和实践者。

谭秉荣在温哥华留下了许多让人难忘的设计作品。例如1997年完成的陈氏演艺中心（Chan Center for the Performing Arts）。2011年设计完成的素里市政厅和素里图书馆。

UBC音乐厅

音乐厅外观

素里市政厅

素里图书馆

蝴蝶大厦（The Butterfly）是谭秉荣留下的最后一件设计作品。"蝴蝶"之名来源于谭秉荣设计灵感，这栋57层的高大建筑在设计师手中变成了一只翩翩起舞的"蝴蝶"，由曲面玻璃幕墙和白色混凝土外墙构成的建筑，在温哥华湛蓝的天空下轻柔地落在城市中心，整个建筑由内而外洋溢着动态之美。

蝴蝶大厦屋顶花园

蝴蝶大厦细部

蝴蝶大厦项目位于温哥华尼尔森（Nelson）街1019号，建筑基地内保留了一栋历史遗产建筑——第一浸礼会教堂，这既为建筑增加了难度，也提升了建筑看点。项目定位为温哥华最高端住宅，平面由4个半圆形组合而成，电梯厅设计成景观开放空间，每三层设一空中花园，建筑以360°角俯视英吉利海湾和城市景观。建筑裙房以曲面退让教堂，体现对遗产建筑的尊重。大堂与游泳馆的设计处处舞动着艺术之美，透过每一户客厅的落地窗看去，起伏的群山、柔美的海湾与飘动的自家露台构成了山水画意境。

蝴蝶大厦楼盘开盘数日便销售一空，项目于2018年动工兴建，设计历时数年，如今终于化蛹成蝶。大师已逝，作品长存。

遗产建筑标牌

历史建筑分析

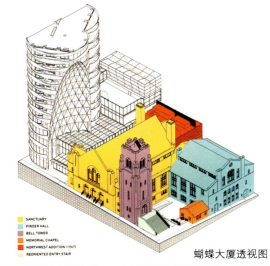

蝴蝶大厦透视图

历史建筑

屋顶泳池与花园

客厅与阳台

建筑街景

电梯厅

游泳池

建筑模型

蝴蝶大厦夜景

奥利·舍人（Ole Scheeren）

奥利·舍人

德国著名建筑师奥利·舍人凭借中国中央电视台设计人的影响力，在温哥华承接了他在北美洲的第一个项目"积木塔"（Jenga Tower）。

项目位于西乔治亚（Georgia）街1500号，这是一幢56层高的超高层住宅。奥利·舍人在接受《华尔街日报》采访时说："我希望在这个世界上最宜居的城市创造一个宜居的生活空间"。积木塔就像一组巨大的积木，看似无规律地变幻着立体组合。每一块抽出的积木块里是二层或三层的生活空间，而上面则是绿化屋面或露台。整个塔楼在一个巨大的水池平台上拔地而起，塔楼富于变化的造型在水面的映衬下更加生动迷人。

乔治亚街1500号大厦

建筑与环境

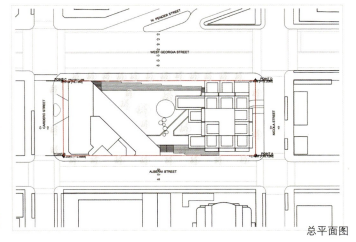
总平面图

整座建筑的设计构思以德国式的理性一步步推导出它的建筑构成。看似凌乱的造型背后是建筑师从城市景观、建筑界面、功能组合及空间效果一系列构成因素的推演分析中获得的设计成果，这是一个富有创造力的作品。

积木塔项目容积率为10.82，地下室挖深七层，以满足停车和设备用房需求。目前项目已经获得政府批准，预计在2021年动工兴建。

广场透视图

街景透视图

高差与环境设计

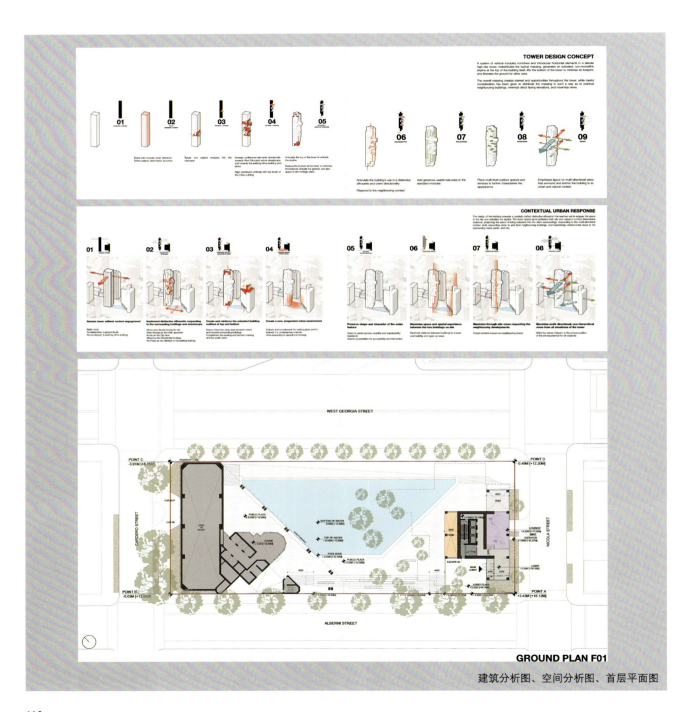

建筑分析图、空间分析图、首层平面图

建筑细部透视图

赫尔佐格和德梅隆（Herzog & De Meuron）

赫尔佐格和德梅隆设计团队 *

温哥华这个城市总是对文化、艺术倾注极大的热情。继20世纪90年代完成温哥华中央图书馆之后，温哥华新美术馆建设又提上日程，并且这个项目又将是这个十年最大的一项文化艺术工程，政府预计投资3.5亿加币。项目邀请了全球最具知名度的设计公司参加设计竞赛，经过逐轮评选，2014年4月最终确定赫尔佐格和德梅隆的作品成为中标方案。现有的温哥华美术馆是由原BC省高等法院改造而成，是一座精美的历史遗产建筑。但由于受建筑面积的制约，已经不能满足现有的藏品与展出空间的需求，因此，迫切需要一座新的美术馆。新建筑位于市中心一块艺术、文化氛围浓厚的环境之中，与伊丽莎白女王剧院相邻，与温哥华中央图书馆及CBC电视台隔街相望。基地面积不大，因此不能用常规的水平布局方式来设计。赫尔佐格和德梅隆的方案采用层叠向上的立体设计加一个挖空的地下庭园，运用大尺度的悬挑与收缩取得震撼的空间效果，强调它的可识别性。在温哥华要完成这样一个备受瞩目的项目是一个艰难的过程。设计中标五年来至今没有最后定案，设计方案仍在调整之中，我们期待这个作品越做越好。

新美术馆设计方案

美术馆局部

地下广场与花园

架空休息区

环廊

格兰维尔岛码头广场

Citizen city

第五章

公民城市

座椅的故事

走在温哥华的公园、海滨、街道及公共场所，你会发现到处都有休息座椅，第一感觉是温哥华城市的人性化，细心看下来，很多椅背上都镶嵌着一块金属牌。每块金属牌上都刻着不同的文字，阅读下去，发现每一段文字都很特别。标牌上有怀念已故亲人的，有纪念自己相恋的，有献给自己孩子的，有难忘工作伙伴的，也有献给社区公众的，每一段文字都饱含真情。如果把它们都整理出

座椅的故事

来那会编辑成一本感人的城市散文集。原来,温哥华市政府规定,市民可以自愿捐资城市公共座椅。捐资人可以在所捐的座椅标牌上写下一句话,由政府统一制作。4 000加币,座椅专属10年,25 000加币可以永久更新。政府的目的有两个:第一,解决温哥华财政预算资金不足(世界上所有城市都一样);第二,引导市民参与城市的热情。至此,也就有了所看到的有纪念意义的各种文字。

歌迷影迷捐献给张国荣的座椅

左边这张照片是温哥华史丹利公园面朝大海的一张长椅,是温哥华影迷、歌迷为纪念张国荣而永久捐献的。张国荣生前的几年隐居在西温哥华,史丹利公园是他生前喜欢去的地方,每年他的生辰与忌日都有许多人前来献花[座椅译文:深情怀念张国荣(1956年9月12日至2003年4月1日),一位伟大的艺术家,一个勇气十足的男人。你的音乐和电影俘获了全世界无数人的心。深爱你的粉丝们]。

纪念我爱戴的伯特·查克
克里斯代尔社区(Kerrisdale)是他的第二个家
派迪特和温尼蒂

座椅

纪念乔治·H.理查德
作为加拿大BC省黎巴嫩社会成员对社区的贡献和服务
世界黎嫩文化协会BC省委员会

座椅

他倾尽全力用爱支持了两个特殊家庭
本·莫斯塔递
1971年8月7日至2005年1月9日

座椅

纪念我们爱戴的苏珊·卡特普里
1908—2010
伟大和美好的人生

座椅

凯思·佐治

1947年9月10日—2001年7月7日

"除了上帝,我们最爱你"你的妻子格劳丽亚和儿子霍沃尔

纪念我们爱戴的母亲玛丽·梅尔 1923—1996

你应该喜欢这座公园,就像曾经那样

纪念我们的父亲 P.C. 李(1920—2012)

在温哥华度过了许多夏季幸福时光,你永远在我们心中

爱你的鲍勃、爱米、斯黛拉

纪念

约翰·A. 布莱森

永远爱戴和怀念

威尔莱特·古德温和玛德拉妮·杰米森

爱你的茜茜莉·格莱莉

彼得·麦考利·麦克唐纳德 1932—2002

他热爱他的家庭,他的朋友,和温哥华这个特别的地方

献给我非凡的父母

罗思和古娜尔·沃吉尔

爱你们的西蒙尼、凯姆·尼古丽、麦克

亚历山大·约翰·罗米 1927—2001
你的精神永远留在这个平静的海岸和爱你的家人心里

感恩家庭、朋友并献上祝福
罗布和海伦·希尔

琼的拥抱站
纪念我热爱的母亲、妻子和朋友
1935年6月18日 琼·布朗 2002年3月4日

由 VanCity 捐献给社区

唐娜—幸福纪念日
感谢第一个30年，我憧憬未来的30年
爱你的保罗

纪念莫妮卡和哈维·慕斯特结婚50周年
他们热爱温哥华的绿色开敞空间和大小动物，特别是狗
1996年4月9日，爱他们的家人

纪念杰夫·弗格森
爱和记忆永远留存在他的家人和朋友心中
愿他的精神长扬

甜美的远航
1921 杰弗里·巴博 2001
迪比·麦克，吉利安和爱迪斯

温哥华扶轮国际俱乐部
"服务超越自我"

纪念乔伊斯和杰里·狄更斯
他们将这个社区变得更好
爱他们的家人、朋友和邻居

太阳照常升起
海明威
纪念布鲁斯·温希 1931—2002

纪念我们爱戴的弗莱德和梅·泰勒
他们热爱他们俯瞰的这个公园和这个城市
卡萝琳·吉利安，亚历山大和扎查理

在彩虹上方的某个地方
我每天会冲着你们微笑
嘉宝莉·弗兰西斯 1994—2009

戴维·鲁德伯格，感谢你作为城市工程师 13 年里的领导和支持
你的朋友们

爱和怀念我们的父母和祖父、祖母
A.M.A&A

座椅

托米和罗丝马莉·莫莉
爱戴你们的家人与朋友

座椅

达娜拉·斯诺·斯图尔特 1971—2004
我们非常爱你,妈妈。我们曾经有过多么美好的时光,
你永远在我们心中
怀念你的家人、朋友和女儿

座椅

用爱缅怀我们的父母
罗恩·维瑞姆(1913—2002)、罗丝·维瑞姆(1919—2012)

座椅

城市小招贴及其他

令人头痛的城市小招贴其实在温哥华并不让人那么讨厌。对于小广告这种现象,温哥华不是采用堵与禁的办法,而是引导与设计。通常做法是在十字路口四角的灯柱上包出一个大直径的塑料柱体,提供给民众及商家作为小广告、小招贴的展板。由于有这么好的"露脸"场所,不管是个人还是商

招贴柱1　招贴柱2　招贴柱3　招贴柱4

招贴柱 5　　招贴柱 6　　招贴柱 7　　招贴柱 8

家都会在意自己"作品"的特点和艺术性,大家免不了下功夫设计一番。因此,小招贴使得城市变得更有活力。

温哥华街头的配电箱、弱电柜、信报箱及控制柜,甚至花坛等很多公用设施都是艺术家展示自己身手的好地方。他们或采用义务捐献,或是有偿服务的方式,将本来冰冷无趣的外观变成了吸引眼球的波普艺术。在温哥华类似这种让公众参与城市的做法还有很多。

配电箱

配电柜

配电箱

配电柜

配电箱

配电箱

配电柜

社区中心（Community Centre）

社区中心是让温哥华各个社区的居民拥有归属感的巨大磁石。温哥华有24个社区中心遍布全市，社区中心不是中国的居委会，也不是中国的业主会所，更不是单一的体育馆。它是一种综合设施，内容包含了运动健身、成人培训、儿童、青少年课外兴趣班、游泳、滑冰俱乐部、室外儿童游戏场、运动场与社区公园，还有老年人活动中心、社区图书馆等设施。最早的社区中心建于1953年，迄今为止，温哥华积累了成熟的运营管理经验。社区中心的物业产权属政府所有。它的投资建设方式有两种，第一种是政府直接投资建设（在政府有年度财政预算的情况下）；第二种是由开发商在建设大型居住或商业综合体时捐资建设。

在运营模式上则是政府拥有，由民间运营的方式，以避免政府公营把社区中心管死。社区中心的各种功能空间均可以由社会上各种教育机构、体育俱乐部及专业人士像承租商业用房一样承租社区中心的教室和活动空间，并向政府交纳管理费。承租者则精心组织各种活动或各种课程，社区中心从早到晚把活动安排得紧凑而又丰富多彩。

每个社区中心不限制其他社区居民来参加活动，同样，各个社区中心都努力将自己的活动内容组织得尽可能多姿多彩，以吸引居民乐于参加。

市民广场

儿童乐园

运动场

足球场

文化中心

艺术教室

运动馆

室内泳池

圆屋社区中心（Roundhouse Community Centre）

　　耶鲁镇的社区中心是利用建于19世纪的调车厂原有建筑改建而成的。是一座有历史感的社区中心，社区中心还存放着1887年第一列驶入温哥华的374号客运机车。

机车展厅

中厅连廊

日落社区中心（Sunset Community Centre）

　　日落社区中心是谭秉荣的设计作品，一个现代化的社区中心。

夜景

总平面图

建筑局部

户外游戏场

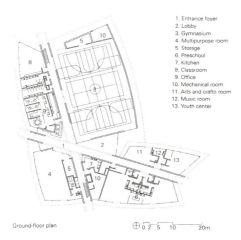

1. Entrance foyer
2. Lobby
3. Gymnasium
4. Multipurpose room
5. Storage
6. Preschool
7. Kitchen
8. Classroom
9. Office
10. Mechanical room
11. Arts and crafts room
12. Music room
13. Youth center

Ground-floor plan 首层平面图

东立面图、南立面图、剖面示意图

建筑局部

冰球场

走廊

煤港社区中心（Coal Harbour Community Centre）

  煤港社区中心位于寸土寸金的城市黄金地带，在这样一个高价土地上能够预留社区中心的建筑用地足见温哥华政府对社区中心的重视，它背靠公园，面向海湾，景色极佳。

煤港社区中心

中庭

多功能教室

社区公园

明纳社区中心（Minoru Centre）

这是一个位于列治文的大型社区中心，各种室内、室外设施一应俱全，特别是投资 7 000 万加币建成的新馆，投入使用后将是大温哥华地区规模最大的社区中心。

社区图书馆及文化中心

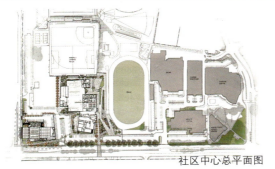

社区中心总平面图

运动中心一层平面图

运动中心入口

运动中心一角

运动中心立面图

运动中心室内

哈里·拉什（Harry Lash）

对于今天的温哥华，我们应该记住这个名字：哈里·拉什。他毕业于麦吉尔大学城市规划专业。先在阿尔伯塔省从事规划立法工作，之后在蒙特利尔及多伦多负责两大都会区中长期规划。在积累了丰富的法规和实践经验之后，接受邀请于1969—1975年主持了大温哥华地区规划。在此期间，他提出了宜居都市的理论，并以此来指导大温哥华地区的规划实施。他是温哥华宜居城市理论奠基人和宜居城市指导者，尤其强调市民参与在城市规划中的重要作用。

哈里·拉什 *

他晚年出版的著作 Planning in a Human Way 提出了"Six-Sided Triangle"理论。再次强调了城市规划必须接受来自不同方面的视角观察，强调公共参与的重要性。"The dialogue on each side of the triangle must go two way"（每一边的对话必须是双向的），而不是政治家的单向发号施令，也不是规划师的纸上探索。他认为平衡好政府的力量、规划专家的构想与市民的作用在任何一座城市的规划过程中，都是具有挑战性的重要课题。

他将城市规划归纳为：

A 制定行动目标

B 通过重大事件提升城市

C 健全的规范与宽松的社会环境

D 用城市细节检验政府的能力

E 给设计师充分想象空间

F 给市民提供参与城市发展的通道

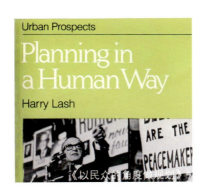

《以民众的角度做规划》

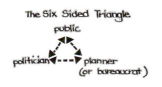

"六边三角形"规划理论 *

规划研讨

50多年来，他的理论深刻影响着温哥华的城市规划与城市生活。

在温哥华的报纸上常常可以看到公告提示某项城市规划或建设项目即将举行公听会这样的消息，政府的网站也会及时发布项目的公告。在新项目工程建设现场常常会看到这样的蓝色、红色或黄色公告板，上面详细说明该项目用地性质、容积率、停车数量及空间高度各项指标，并明确举行听证会的时间、地点，任何对该项目感兴趣的市民或认为与之相关的人士均可参加听证会。在温哥华建设项目听证会上，正辨双方均可发表自己的观点，如果意见不能统一的情况下可能会有第二轮听证会，但最终裁决则由专业人士与市议会议员组成的评审团根据正辨双方的意见进行分析来决策，因此，决策具有相当的专业性与公正性。

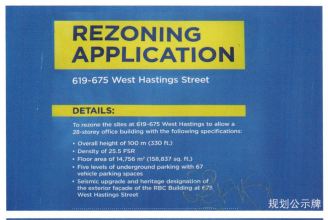

规划公示牌

外观公示

区位公示

市民听证

谁是宜居城市的主人

街区派对（Block Party）

每到夏季温哥华很多街区的邻里都喜欢聚会，以享受美好的夏日时光。

派对无非是把街坊邻居各家准备的吃的喝的凑在一起，并搬来自家桌椅摆成长台，再来点烧烤和吹拉弹唱，自娱自乐一番。所不同的是，小型的派对就在某家的后院举行，规模大一点的就要把街区小路当作街区聚会的活动场地。我居住的街区每年就是利用小路来举办邻里聚会。活动组织人首先要给市政府打电话，申请这条小街道在活动时段封闭道路，另外申请消防局派来一辆消防车向街区居民（尤其是孩子）讲解消防知识，警察局也借此机会向居民发放"Block Watch"（一种民间治安联防组织）的宣传品，以加强街区安全。在温哥华，街区聚会体现了街区的凝聚力与政府的亲民与服务精神。

街区邻里夏日聚会

消防员给儿童讲消防知识

市政府限行栏杆

列治文1号消防站（1# Fire Station Richmond）

　　历时两年时间建设的列治文1号消防站于2018年夏季建成投入使用。竣工当日对市民开放，供大家参观了解消防站的建筑内部结构与消防流程，向市民讲解消防知识，展示和介绍消防站的历史及荣誉，并借此机会向市民招募消防志愿者。在温哥华，政府与市民的互动反映在城市的各个方面，它使得市民更加了解政府的运作，可以对政府的工作提出改进建议，让市民有限地加入到城市运作之中，也促进了市民参与城市的意识与热情。

列治文1号消防站

消防站细部1

消防站细部2

消防站细部3

消防员雕塑

狗公园（Offlessed Dog Area）

在温哥华数不尽的公园绿地中，狗公园算是一个特色。温哥华的遛狗人还是很文明的，为了怕伤人，所有的狗都有绳子牵领着。而狗公园是不需要牵引绳的地方，就是放开绳子让狗自由跑的地方。体现了对狗的"人性化"，也应验了温哥华的一个段子！"一等公民是儿童，二等公民是妇女，三等公民是宠物，而男人是供养上述公民的公民"。

狗公园标牌　　狗公园

孔雀社区（Peacock Community）

在大温哥华素里市的沙利文高地（Sullivan Heights）社区生活着100多只野生孔雀，它们的羽毛五彩斑斓，在阳光下闪耀着金属般的光泽，有了这么多美丽的邻居，生活在这个社区的居民应该幸福满满吧。事实还真不是，每年春夏之季是孔雀的交配期，为了获得"女神"的芳心，"男"孔雀引吭高歌，闹得鸡犬不宁。

孔雀颜值虽高，却心胸狭窄，总是担心自己不是最美的一只，透过深色汽车表面，把自己的影子当作另一只来攻击，真是戏精附体，然而汽车就惨了。除了扰民的孔雀外，又有众多大温哥华地区专门来观看和拍摄孔雀的群众，弄得本来一个漂亮安静的社区，一举成了"热门景点"。

社区草坪上的孔雀　　站在屋顶上的孔雀

美丽的孔雀邻居

居民来观赏孔雀

孔雀攻击映照的自己

加拿大鹅（Canada Goose）

在温哥华的公园、海滨、街头绿地到处可见加拿大鹅的身影，甚至春天里常常见到一只母鹅领着小鹅成群结队过马路的场景。加拿大鹅对于温哥华人来说谈不上喜欢还是不喜欢，它们就如同这个城市的居民一样生活在这里。按照规定，人不能去喂食野生动物，所以加拿大鹅也是自食其力，而且生活得挺好。很佩服温哥华人的自然归属感，它们在追求更好生活的同时没有失去对自然的尊重，当城市发展以排他作为代价的时候，城市也就少了生命的活力。宜居，不仅仅体现在城市与人之间的关系，还体现在人与人、人与动物、人与自然之间的和谐共生。

小女孩在观看加拿大鹅

城市中生活的加拿大鹅

加拿大鹅一家

城市公园里的加拿大鹅

奥林匹克广场火炬塔

Decoding city gene

第六章

多元文化

离天堂最近的城市

温哥华是一个世界范围的移民目的地城市。除了原住民外，几乎所有人都是在这近200年的时间内从世界各地移民到这里。他们热爱这块土地又抹不去故乡的情怀和文化的根，因此，代表他们的精神寄托和信仰的各种教堂、寺庙、神社和文化中心就在这个新家园不断地被建造出来。几百座不同的宗教建筑构成了这座城市独特而丰富的多元文化城市特色。

在列治文5号路上就排列着一幢幢来自东西方的各种教堂、寺庙、神社建筑，因此被戏称为"一条离天堂最近的路"。

温哥华是一座文化宽容的城市，文化宽容是宜居的沃土，它和绿水青山一样值得珍惜。

基督教圣公会大教堂（Christ Church Anglican Cathedral）

建于18世纪的基督教圣公会大教堂座位超过1 000座，伊丽莎白女王、查尔斯王子和戴安娜王妃在这里参加过宗教仪式。

基督教圣公会大教堂

乌克兰东正教大教堂（Holy Trinity Ukrainian Orthodox Cathedral）

位于第10大道东154号的乌克兰东正教大教堂，于1937年建成，是乌克兰裔移民的精神家园。

乌克兰东正教大教堂

圣詹姆士教堂（St James Church）

始建于1881年的圣詹姆士教堂，是温哥华最早的教堂之一，位于科尔多瓦东街303号，是盎格鲁撒克逊教区主教堂，英国乡村风格。

圣詹姆士教堂

圣玫瑰大教堂（Holy Rosary Cathedral Church）

位于理查兹街646号的圣玫瑰大教堂，于1900年建成，是温哥华最精美的教堂建筑之一，哥特风格。

圣玫瑰大教堂

斯特拉斯科纳教堂（Strathcona Church）

建于1910年的斯特拉斯科纳教堂，位于公主大道（Princess Avenue），早期作为瑞典路德会教堂，现今为基石长老会大教堂。

斯特拉斯科纳教堂

圣乔治教堂（St George Church）

建于1971年的圣乔治希腊东正教大教堂是大量希腊裔加拿大人的精神家园，除了礼拜以外，许多婚礼都在这里举行。

圣乔治教堂

圣得安德鲁斯—威斯利联合教堂（St Andrew's–Wesley United Church）

位于尼尔森街1022号的圣得安德鲁斯—威斯利联合教堂建于20世纪20年代，是一座城堡式哥特风格建筑。

圣得安德鲁斯—威斯利联合教堂

观音寺（Kuan Yin Temple）

建于1979年的列治文观音寺，供奉着千手千眼观音佛像，目前是大温哥华地区最大的佛教寺庙。每逢节日，香客如云。

观音寺

灵严山寺（Ling Yen Mountain Temple）

位于列治文5号路的灵严山寺香火旺盛，目前已经建成一、二期佛堂，待三期工程完工后将会是北美最大的佛教寺庙。

灵严山寺

Az Zahraa 伊斯兰中心（Az Zahraa Islamic Centre）

位于列治文5号路的Az Zahraa伊斯兰中心于2002年建成，是温哥华地区最大的伊斯兰什叶派文化中心。

Az Zahraa 伊斯兰中心

印度教文化中心（Gurdwara Nanak Niwas）

位于列治文5号路8600号的印度教文化中心于2010年建成，是大温哥华地区第三座印度锡克教宗教文化中心。

印度教文化中心

列治文的日本神社（Steveston Japanese Shrine）

位于列治文的日本神社与文化中心，是100多年来日裔加拿大人的精神家园与文化传承中心，承载着民族的魂。

列治文的日本神社

橡树岭联合教堂（Oakridge United Church）

建于1949年的橡树岭联合教堂位于西41街，哥特风格。建筑物已被拆毁，未来会在原基址获得重建。

橡树岭联合教堂

威斯敏斯特修道院（Westminster Abbey）

1939年修建的威斯敏斯特修道院位于米逊镇（Mission）天使山。是大温哥华地区规模最大的修道院和神学院。

威斯敏斯特修道院

伊斯玛仪中心（Ismaili Centre）

1985年建成的伊斯玛仪中心，是温哥华第一座穆斯林什叶派中心，是世界六大什叶派宗教建筑之一，建筑师为Bruno Freschi。

伊斯玛仪中心

同性恋之都

同性恋花车游行

温哥华不只有对多元文化的认同,还有对同性恋的宽容,温哥华是同性恋之都,这里有同性恋最友好的氛围。每年8月份第一个星期是同性恋的节日——温哥华同性恋周(Vancouver pride week Festival)。壮观的彩虹节大游行每年都会吸引超过十万人参加,同性恋人们自豪地表达他(她)们的情感,连加拿大总理也会来参加他们的盛会。在温哥华爱是一种本能而不是束缚,不论性别与年龄。

在温哥华,同性恋人可以合法登记结婚而不受歧视,在同性恋街区戴维街(Daves street),连过街斑马线都涂成了彩虹图案。同性恋人们在给自己的生活带来色彩的同时也给这座城市增添了丰富的色彩。

同性恋节日花车

彩虹人行道

同性恋节日游行

兴高采烈的游行者

记不住的节日

温哥华国际爵士乐节

温哥华的节日多得让人记不住。林林总总,有法定的、严肃的、欢乐的、搞笑的、狂野的、自发的。总有一款让你情不自禁地参与进来。姑且不论高雅与否,总能给日常生活加点调料,添几分色彩,让人感觉生活在这个城市不那么单调,有很多乐子可寻,也有很多有意思的人相伴。

国庆节

彩虹节

万圣节

音乐节

温哥华马拉松路线*

世界最美马拉松

海岸长跑

温哥华太阳长跑

除去常规节日外,这里有意大利节、圣帕特里克节、希腊节、中国春节、日本Powell节,有温哥华国际电影节(Vancouver International film Festival)、温哥华国际爵士乐节(Vancouver International Jazz Festival),每年6月举行的爵士音乐节增添了夏日的欢乐气氛。温哥华乡村音乐节(Vancouver Folk Music Festival)每年8月在美丽的杰里科(Jericho)海滩举行。有被誉为世界最美马拉松跑的温哥华马拉松(Vancouver Marathon),它的跑行路线风景如画,空气清新。有欢快的温哥华太阳长跑(Sun run)。每年一度的北美最大的天体海滩——沉船滩(Wreck)的5千米长跑沉船湾裸跑(Wreck Beach Bare Run),体现了人性解放与相互尊重这一理念。

宣传节能环保的裸体骑行

温哥华国际电影节*

复活节

当你看到一年一度的裸体骑行节(Bare Bike Ride),请不要用有色眼光去看待,他(她)们用吸引眼球的行动在向社会宣传环保和无烟交通。

每年11月11日是老兵节(Remembrance Day),以纪念在第一次世界大战欧洲战场献身的加拿大老兵,不忘和平的珍贵。

如果某天你在地铁里看到很多人只穿着短裤乘车,请不要吃惊,这天是温哥华无下装日……

军人纪念日

老兵节

二战纪念日

艺术城市

女王公园雕塑与建筑

温哥华政府为了促进城市公共艺术的发展制定了法规。任何超过10 000平方英尺（1平方英尺约为0.09平方米）的建筑在提交项目申请时必须支付公共艺术（Public Art）费用，标准为每平方英尺1.8加元，先上交其中的2%作为审批过程费用。公共艺术可以选择由投资方委托艺术家自行完成，也可以将费用交给政府统一使用。作为一个年轻的城市，温哥华深知与欧洲几千年的艺术积淀相比基础单薄，因此，加倍尊重来自世界的和本土的艺术家，重视他们的作品在温哥华的永久留存和流动展出。除了那些艺术大家以外，即使是些不知名的小作品，温哥华也以宽容的态度接纳进来，一点一滴的积累形成了这个城市平和的艺术气息。

《奈基》（Nike）
奈基(古希腊的胜利女神)是一座大型铜雕，高高耸立在科尔多瓦（Cordova）和瑟洛街（Thurlow）街路口，为纪念2010年温哥华冬奥会而创作。

奈基雕塑

《时间之舞》（Dance of time）
是有艺术魔法大师之称的萨尔瓦多·达利的原创雕塑，立于海滨广场，作品于1984年完成，在加拿大建国150周年之际来到温哥华。

时间之舞

《雨滴》（The Drop）
位于温哥华新会展中心广场的大型雕塑。

雨滴

《刀锋》（Knife Edge）
亨利·摩尔的雕塑，立于温哥华女皇公园。

刀锋

《图腾柱》（Totem Poles）
位于斯坦利公园的原住民图腾柱，是他们守护之神。

图腾柱

《订婚》（Engagement）
位于日落海滩（Sun Set Beach），温哥华日落海滩是情侣的最爱，也是艺术家灵感的源泉。

订婚

《黄金树》（Golden Tree）
由 Douglas Coupland 创作的城市广场雕塑。

黄金树

《行走》（Walk）
这一大型金属镂空雕塑位于米诺鲁（Minoru）社区中心运动场。

行走

《鸟》（The Bird）
奥运村广场上的巨鸟是由温哥华艺术家 Myfanwy Macleod 于 2010 年创作完成的大型雕塑，深受孩子和大人的喜爱。

鸟

《帆》（Sail）
是位于奥肯纳根湖畔的现代雕塑。

帆

《花》（Flowers）
位于西乔治亚街建筑上的这件玻璃雕塑是雕塑家 Dale Chihuly 的作品。

花

《埃米利·卡尔》（Emily Carr）
埃米利·卡尔是温哥华本土出生的加拿大最伟大的艺术家之一，这是她的位于温哥华格兰维尔街的雕像。

埃米利·卡尔雕塑

《行者》(Walking Figures)

这件作品是20世纪颇具影响力的波兰艺术家Magdalena Abakanowicz的作品,生铁浇筑。

《傻笑人》(Amazing Laughter)

这是一组14尊2.5米高的铜雕。由中国著名艺术家岳敏君先生创作。这组雕像位于莫顿公园,它深受温哥华市民喜爱。这里已经成为重要的旅游景点。

《泉》(Spring)

是位于市中心的一座现代城市雕塑和装置艺术。

《胜利之翼》(Winged Victory)

位于温哥华海滨火车站前的这座铜雕是雕塑家Coeur·L·Maccar于1921年完成的作品,以纪念18世纪加拿大太平洋铁路建设中失去生命的4 000多名铁路工人。

《无家可归者》(Homeless)

位于圣玫瑰大教堂门廊的铜雕。

《日光浴》（Sun Bath）
位于西蒙·弗雷泽大学的一组现代雕塑。

日光浴

《正义女神》（Goddess of Justice）
位于 BC 省高等法院入口正义女神戴安娜（Diana）雕像，艺术家 Jack barman。

正义女神

《天使之翼》（Kitswings）
网红墙由艺术家 Sandy & Steve Pell 创作完成。

天使之翼

壁画 1

壁画 2

壁画 3

壁画 4

壁画 5

壁画 6

文化设施

温哥华公共图书馆（Vancouver Public Library）

图书馆地图*

1903年的温哥华图书馆*

温哥华公共图书馆是由一个中央图书馆和遍布全市的22个分馆组成。温哥华图书馆成立于1869年，当时由于条件所限，设在市政厅一楼。1903年温哥华建成了第一座独立的市立图书馆。1995年由建筑大师摩西·萨夫迪设计的温哥华中央图书馆新馆落成，由此跻身世界著名图书馆行列。在温哥华，只要是本地居民，就可以免费申请一张图书馆卡，在中央图书馆借书，也可以就近在社区的分馆还书，十分方便。除了可以借阅图书杂志以外，还有大量音像制品可供借阅，甚至提供3D打印机来供学习使用。图书馆设有各类会议室、培训室以及多功能活动空间，用来满足每天丰富的活动需求，孩子从婴儿时期开始就来这里听故事、唱儿歌、做游戏，在这样的书香氛围里熏陶成长，自然容易养成终身阅读的习惯。一年一度的温哥华图书节及大量文化活动都以图书馆为中心展开。温哥华图书馆以其良好的运营和在城市中的重要作用，而被评为"世界最佳图书馆"。

温哥华中央图书馆大厅

图书馆标牌

儿童故事会

图书馆一角

多边形美术馆（Polygon Art Gallery）

　　位于北温哥华的多边形美术馆以展出现代艺术为专长，美术馆位于港口广场，建筑简洁而富有视觉冲击力，灯光设计带有波普艺术的浓重色彩。美术馆的建设资金主要来自于社会捐赠。

美术馆夜景

美术馆日景

美术馆俯瞰

温哥华博物馆（Museum of Vancouver）

坐落于温哥华凡尼尔公园内的温哥华博物馆，是加拿大最大的市立博物馆，也是温哥华历史最悠久的博物馆。博物馆建于1967年，馆内有6.5万件藏品。温哥华博物馆的建筑很有特色，属于早期现代主义时期的混凝土工艺风格的建筑，入口处有一座传说中大海守护神的螃蟹雕塑，设计师为Gerald Hamilton。

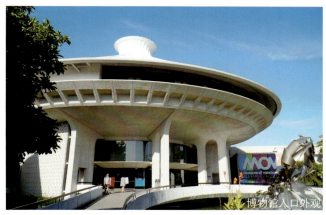
博物馆入口外观

博物馆建筑细部

迪雷摩托车博物馆（Deeley Motorcycle Museum）

如果你是摩托车粉丝，就应该来迪雷摩托车博物馆开开眼界。博物馆位于温哥华边界路（Boundary）路1875号，是加拿大最大的摩托车博物馆，展示了120多年丰富的摩托车文化和历史，超过250辆漂亮的古董机车令人大饱眼福。

展厅1

展厅2

展厅3

展厅4

贝蒂生物博物馆（Beaty Biodiversity Museum）

贝蒂生物博物馆位于 UBC 校园内，馆内收藏了 200 多万个标本，最显眼的是悬在中庭的 25 米长蓝鲸骨骼，这也是世界上最大的以凌空悬吊方式展示的动物骨架。博物馆分类展出植物标本、脊椎动物、昆虫、鱼类、海洋无脊椎动物以及古生物化石，可以说是温哥华最专业的自然博物馆。

博物馆外观

主展厅

动物标本厅

警察博物馆（Police Museum）

温哥华警察博物馆位于煤气镇，是由 100 多年前的警察局建筑改建而成，收藏了数万件展品，是一处很有历史与教育意义的博物馆。

博物馆建筑　展厅　老照片*

警察博物馆雕塑

科学世界（Science World）

　　1989年建成的科学世界不仅是温哥华的地标建筑，更以它丰富有趣的科普内容而吸引人。它把科普知识以游戏体验的方式让参与者乐在其中，尤其对于小朋友更是极具吸引力。科学世界开放式课堂连续不断地有老师做有趣的实验演示并与小朋友进行互动，很多家庭都办理家庭年卡，一年之内不限次使用。自1989年开馆以来，科学世界共接待超过1 300多万人次，是深受市民喜爱的一个场所。

位于海岸边的温哥华科学世界

室外展场

恐龙展厅

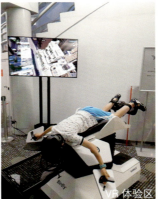
VR体验区

风洞墙

深受市民喜爱的温哥华科学世界

科学教室

人体知识

心律鼓

多元化教育

自由选择的基础教育

灰角高中

温哥华的中小学分为公立学校、私立学校、教会学校，除此以外还有单一性别的男校或女校。有以素质教育为宗旨的传统学校，有以文体见长的特色学校，更有以升学名校为目标的文理学校或以特长生为培养对象的校中校（Mini School），如此众多的可选择中其实并无孰优孰劣之分，全凭家长根据孩子的自身特点来选择。

马尔格雷夫学校（Mulgrave School）

马尔格雷夫学校位于西温哥华，是一所非营利性IB（国际文凭）课程国际学校，设有从学前班到12年级的课程。本着学校自身的座右铭"Inspiring Excellence in Education and Life"，培养学生长期持久学习的乐趣，让学生具备适应当今多元文化的社会能力。

环境优美的校园

学校主教学楼

入口门厅

中庭

大厅

灰角高中（Point Grey Secondary School）

于1929年建成的灰角高中是一所公立学校，公立学校的教育宗旨是以培养出高素质的公民为教育目的。当然，每个学校也依据自己的历史传统和自身条件而努力打造不同于其他学校的特色。灰角高中有巨大的运动场地和体育设施，它的学生以良好的身体素质和运动天赋见长。灰角高中教学楼以其精美的学院派哥特建筑风格和保存的完好性而被列入温哥华历史遗产建筑名录。

百年历史学校

入口

哥特风格的主教学楼

圣乔治学校（St.George's School）

圣乔治是一所著名的私立男校，创建于1930年，它的办学宗旨是为社会培养精英人才。学校的经费来源主要是捐款而不是学费，来自校友、学生家长以及社会的捐款支撑了高质量办学。雄厚的财政基础和优越的校园条件令其他学校难以企及，每年走出圣乔治高中的学生遍布世界各大名校。

教学楼局部

近百年建校历史

入口

圣乔治学校美丽的校园

多样性的高等教育

UBC 大学

温哥华这座中等规模城市,是国际上高等教育人口比例最高的城市之一。教育的多样性是温哥华高等教育体系的特色之一,它架构了不同层级与类别的学校,既有位于顶端的研究型大学不列颠哥伦比亚大学(UBC)、综合性大学西蒙菲沙大学(SFU),也有艾米丽卡尔艺术和设计大学(Emily Carr University of Art and Design),有服务于温哥华电影业的温哥华电影学院(Vancouver Film School),有以航空和飞机维修在国际享有盛誉的BC理工学院(BCIT),有专门培养实用型人才的兰加拉(Langara)学院等林林总总的院校,构成了温哥华多样性的高等教育体系。

BC 理工学院

UBC 老图书馆

UBC 游泳馆

不列颠哥伦比亚大学（UBC）

UBC校园中心广场

长期排在世界大学40名左右的不列颠哥伦比亚大学始建于1908年，是世界顶级研究型大学，与多伦多大学、麦吉尔大学、皇后大学共同构成了加拿大常青藤联盟。在100多年时间里，共培养出7名诺贝尔奖得主，学校在医学、生物学、环境科学领域更是位于世界前列。

哥特风格图书馆

百年建筑

自习大厅

UBC 阿尔伯特中心

林荫大道

美丽的校园

学生中心大厅及鸟巢

学生沙龙

大台阶

学生社团

  学生会大楼（Student Union Building），不列颠哥伦比亚大学学生中心的室内设计颇具特色，巨大的中庭空间放置了一个"鸟巢"，鸟巢里面是影像厅，鸟巢的上方是休息大厅。学生中心设有大台阶供阅读者使用。学生中心除各种开放与独立的学习功能区域外，还有很多餐饮与服务店面，大大方便了学生的学习生活。

医药科学大楼（Pharmaceutical Science Building）的设计体现了它的建筑性质，前沿、富有科技感，同时又不失建筑的地域性，在室内空间使用了大量的清水混凝土与木材。

高技派建筑风格的医药科学大楼

教学楼入口

多功能厅

中庭空间

温哥华电影学院(Vancouver Film School)

温哥华电影学院是一所世界顶尖的电影学院,主要专业有3D动画、电影制作、影视表演。学院主校区位于温哥华市中心,在多伦多、蒙特利尔和上海建有分院和实训基地。很难说是温哥华电影学院推动了电影业在本土的发展,还是温哥华这座城市的魅力吸引了电影人。总之,在今天电影业已经成为温哥华的重要产业之一,它是北美第三大电影拍摄与后期制作中心,被誉为"北方好莱坞"。

影视棚*

影视教学*

电影布景

灯光特效

场地特效

丰富多样的成人教育

飞行学校：温哥华有多个教授私人飞机驾驶的学校，学费从七八千块到几万块不等，完成学业后可以获得证书驾驶私人飞机、观光旅游飞机、水上飞机，直到学习考取更高等级的商业飞机驾驶资格。

模拟驾驶　　　　　　　　　　教练飞行*　　　　　　　　　　单机飞行*

游艇驾驶学校：学习私人游艇或商业游船的驾驶与维护，毕业后会获得一份收入不错的工作。

驾驶游艇　　　　　　　　　　各类私人游艇　　　　　　　　　商业游艇

新移民培训学校：温哥华平均每年要接收超过5万名来自世界各地的新移民，为了让他们尽快融入这个城市，政府免费为新移民进行职业培训和语言培训。各类新移民学校为新移民尽快融入社会提供了有效帮助。

职业再教育：温哥华的职业再教育有着广泛的需求和很大的市场。随着科技的进步和择业的多样性，成人再教育是一个不断增长的领域，各所大学及社会教育机构向职业再教育市场提供了覆盖面广泛的专业教育支撑，充分就业是宜居城市的重要指标，而强大的成人教育是衡量教育完善程度的标志，公民终身学习的能力也是社会文明的充分体现。

就业培训*　　　　　　　　　　新移民培训

社会文明是宜居城市的基础

汽车亭与共享单车

　　来到温哥华,建议你观赏一下这个城市的汽车亭,因为它们做得实在是太精致了,如同工艺品一般。温哥华的汽车亭分为标准亭和特色亭。标准亭的设计简约时尚,以金属和玻璃为主材,以木质座椅为辅材,每个汽车亭设广告牌及夜间照明,全市统一,标准化定制。而UBC极具构成主义色彩的汽车亭和克里斯代尔社区街区的旧有轨电车站等特色亭,在满足使用功能的前提下,又为这个城市增添了不同风格的文化色彩。然而,最大的看点在于市民对汽车亭的爱护与保养。不论是在市中心闹市区还是在僻静的小街,每个汽车亭都洁净如新。汽车亭反映了温哥华这个城市的特质,平和、舒适、文明。

标准化的温哥华汽车亭

UBC汽车亭

得到保护的旧汽车亭

座椅

特色亭

座椅

玻璃顶棚

玻璃栏板

艺术亭

共享单车应该是城市中最少科技含量的东西之一。温哥华的共享单车无一例外都会停靠在分布全市的近200个站点，由于法律规定骑行单车必须戴头盔，所以，每辆单车的头盔会与车子一起整齐存放。各处公共场所和地铁站口也有私人单车的停放设施，简单实用。城市文明往往就体现在看似简单的事情上面，并且引人深思。

温哥华共享单车停放站

整齐的共享单车

完善的配套管理

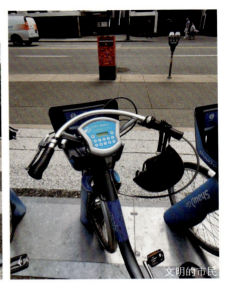
文明的市民

导引牌与饮水设施

　　温哥华的自来水饮水设施遍布全市，在公园、广场、公共空间、社区中心、学校等区域，市民对这些设施加以悉心爱护，极少损坏。

公园一角饮水处

简易饮水处

整洁的设施

在温哥华市区及公园，导引牌密度很高而且标注清晰详尽，弧型柱状导引牌内置灯光，实用便民。无论是本地居民还是外来游客都会因为这些小细节而对这座城市感到亲切。

公园入口的指示牌

城市里随处可见的地图

社区指示牌

城市一角

日落海滩

It is not enough to rely on the patronage of nature

第七章

绿色城市

水源保护与绿色能源

水源质量（Water quality）

温哥华的饮用水有着世界上最高的水质标准。

国际上关于优质饮用水的标准主要有四项：

💧 来自清洁水源，水质天然纯净。

💧 不含任何有害人体健康的物理性、化学性和生物性的污染。

💧 含有适量有益于人体健康、呈离子状态的矿物质。

💧 pH值均衡稳定。

根据上述标准，在世界范围内公认的有三大黄金水源地：

加拿大落基山脉冰川水源；

欧洲阿尔卑斯山冰川水源；

俄罗斯高加索山冰川水源。

温哥华的水源来自北部落基山与海岸山山区积雪融化的清洁水源，经过河流、小溪汇入三大湖区。卡普兰诺湖（Capilano）、西摩湖（Seymour）和高贵林湖（Coquitlam），三大湖合计面积约600平方千米。为大温哥华地区280多万人口提供高品质的饮用水。为保障饮用水品质不遭受人为污染，三大水源地600平方千米范围设置封闭管理区。除自来水工厂工作人员外禁止居民进入，同时也禁止渔业活动，以避免使用鱼类抗生素及渔船漏油所导致的水源污染。在严格的水源地保护措施下，加上自来水厂的先进加工工艺，温哥华的饮用水成为世界上品质最高的饮用水之一。

西摩－卡普拉诺水处理厂（Seymour-Capilano Filtration plant）始建于1905年，2009年重建新厂，日处理自来水18亿升。

处理厂于2000年改造升级了新自来水处理设施，提升了饮用水品质。

能源和空气（Energy and Air）

BC省有着极其丰富的水力资源。弗雷泽河、和平河与哥伦比亚河三大河流的水流量与落差，为水力发电提供了丰沛的资源基础。从20世纪30年代起，BC省开始兴建水力发电站。经过几十年的发展，水电能源逐步取代了高污染的火力发电。BC省目前97%的电力来源于清洁的水

加拿大冰川水源

温哥华三大水源地*

西摩－卡普拉诺水处理厂*

温哥华高品质的自来水*

力发电,而天然气发电和风能太阳能发电则仅仅作为补充性能源。

正在建设中的第三座大型水电站"C水坝"(Site C)当并网发电之时,其富余的电力可以为 BC 省与大温哥华地区未来汽车全电动化提供充足的电力保障。

BC 省的天然气主要集中在东北部和西部沉积盆地一带。根据加拿大能源部门统计,BC 省拥有近 10 万亿立方米的天然气储量。BC 省的天然气以煤层气为主,甲烷含量超过 90%,资源利用效率高。目前温哥华市居民家庭做饭主要使用电炉,供暖和洗澡主要利用天然气。

BC 省的风能主要集中在内陆和平河地区及温哥华岛北部地区。虽然起步较晚,但发展迅速。

太阳能在 BC 省及大温哥华地区还处于初级阶段。受 BC 省低成本水力发电的影响,太阳能的利用发展缓慢。

尽管 BC 省蕴藏着数万吨铀矿资源,但出于对环保的考虑,一直不允许修建核电站设施。

2014 年温哥华被 CNN 评为"全球最健康的十大城市"之一,其中一个重要原因就是空气质量。$PM_{2.5}$ 指数常年保持在 10 以下。能源结构的良性化使用为空气品质提供了保障。

和平河

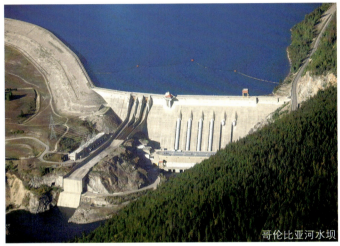

哥伦比亚河水坝

C 水坝*

城市规划与绿色交通

居住友好型城市（Family Friendly City）

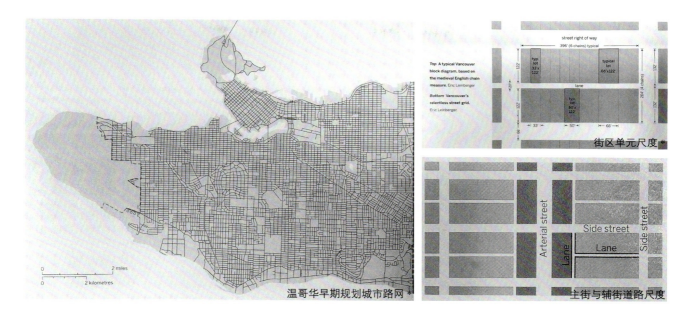

温哥华早期规划城市路网*

街区单元尺度*

主街与辅街道路尺度

在温哥华建市之初市政府邀请来自英国的规划与测量师 Lauchlan Hamilton 负责城市的整体规划和街道命名。汉米尔顿没有因袭欧洲传统城市布局，而是以居住街区为基本单元尺度来构建温哥华城市的标准化网格体系。每个街区的标准尺寸是 396 英尺×264 英尺，由此形成的小尺度街区空间结构对于交通与居住环境来说具有高度的前瞻性。在此规划基础上，温哥华于 1928 年邀请著名规划

20 世纪 30 年代街景*

街区尺度

适宜步行的城市

师Harland Bartholomew对温哥华的城市规划进行了修编。哈兰德的规划思想以公园和学校为中心，将居民活动半径吸引到社区及公共空间，以公园和绿色开放空间为社区核心，形成了真正意义上的绿色城市。在强化了社区亲和力的同时也减少了跨区域交通流量。在20世纪七八十年代的市中心城市转型过程中，温哥华提出了"居住优先"规划理念。倡导家庭友好型城市或称作居住友好型城市，确立以生活为向导的城市定位。历经

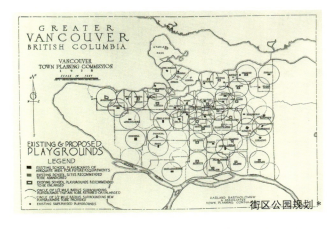

街区公园规划 *

200年的时光，温哥华的城市规划在不断发展完善的过程中形成了以街区、社区、城市三级单元构成的城市肌理。核心理念是打造"家庭友好型城市"（Family Friendly City）。温哥华不追求宽阔、宏伟的景观大道，不竞争攀比建筑的高度，不允许高速公路进入城市。这座特立独行的城市所倡导的"家庭友好型城市"是后汽车时代的思维。它将工作、居住、娱乐、休闲融合在一起，改变大都市中出现的CBD与居住分离的状况，减少城市交通流动过程中产生的时间与能源的大量消耗，有利于形成低碳宜居的绿色城市。

煤港公园

橡树岭住宅区

33街

西黑斯汀街

戴维街

佐治亚街

阿布特斯走廊（Arbutus Corridor）

2015年温哥华市政府以5 500万加币的价格从加拿大国家铁路公司购买了一条废弃多年的铁道线。这是一条南北11千米长穿越市区的道路，政府希望将它打造成一条绿色城市走廊。它结合绿色交通、健身运动、带状公园为一体，参考了纽约的高线公园（High Line Park）、英国布莱顿新街商业步行街、西班牙的阿班多尔巴拉区（Abandaibarra）、巴塞罗那的兰布拉大道（La Rambia）世界四大带状公园的成功经验，经过三轮市民的方案意见咨询，城市绿廊将分期分阶段建设实施，目标是建设世界第五条城市绿色走廊。

阿布特斯走廊*

废弃铁路

早期有轨电车*

温哥华阿布特斯走廊规划1

温哥华阿布特斯走廊规划2

纽约的High Line Park*

英国布莱顿 New Road*

西班牙的 Abandoibarra*

巴塞罗那的 La Rambia*

快乐骑行（Happy Ride）

温哥华近三十年来，在大力发展公共交通的同时也在快速发展自行车出行方式。温哥华建设了纵横于全市的自行车路网系统，总里程超过200千米。温哥华的自行车路分为娱乐健身型自行车路和生活商务型自行车路两种类型。

温哥华对自行车是很友好的，自行车可以进地铁车厢，公交车可以载运自行车，私家车车顶允许载自行车，在连接温哥华和列治文两市的弗雷泽河上还专门建造了一座自行车桥，由此可见温哥华对自行车的重视。

温哥华旅游局向公众推介了5大自行车路线：

1. 10千米长的斯坦利公园骑行路线
2. 24千米长的中央谷绿道线
3. 12千米长的日落海滩→福溪→基斯兰奴海滩线
4. 20千米长的杰里科海滩→UBC大学→太平洋精神公园线
5. 5千米长的女王公园→范度森植物园线

自行车专人行桥

温哥华中心区主要骑行路线

市中心自行车路

路口绿线

公园自行车路

滨海自行车路

城市公交与自行车

郊区公交车与自行车

旅游大巴与自行车

公共交通（Public Transit）

虽然温哥华建城历史很短，但却是世界上最早使用有轨电车的城市之一。1890年，第一条有轨电车在当时的威斯敏斯特街（Westminster）开始运营。到了1912年，温哥华已经有200多辆有轨电车在全市主要街道运行，并逐渐形成遍布全市的有轨电车运营网络，几乎覆盖了城市核心区。1923年开始建设无轨电车，在当今大多数城市以燃气或柴油公交车替换无轨电车的趋势下，温哥华的城市公交坚持使用无轨电车。目前它是世界上仅存的规模最大的无轨电车运营城市之一。

温哥华的公交车辆全部采用气动升降，老年人、残疾人的轮椅可以通过伸缩坡道上车，公交车票按两小时时间段自由换乘电车、地铁、轮渡。社会养老机构有专用可升降客运车辆，所有道路均为无障碍通行，公交站亭美观舒适。2019年，由总部位于纽约的交通与发展政策研究院(Institute for Transportation and Development Policy)公布一份报告，结果显示温哥华的公共交通便利程度位于北美首位。

共享汽车Car2Go于2011年在温哥华开始运营。该系统提供双人小型汽车及电动汽车供社会共享使用，目前有5万多会员在使用这一北美洲最大的共享汽车系统。

相对于便捷的公共交通，私家车的日子则大不如从前。对

20世纪30年代的温哥华*

早期的有轨电车*

公交车无障碍设备

轮渡

水上巴士

共享汽车

于城市拥堵，绝大多数的城市采用的政策是依靠扩宽道路、建设立交桥等方式来解决，然后随着车辆的增加不断地这样循环反复。而温哥华这座城市对此有着不同的理解。它认为如果想减少私家车的出行，一方面要提高公共交通的便利性和舒适度，提高单车骑行的比例。另一方面需要增加私家车行驶难度和停车费用。温哥华拒绝使用扩宽道路的做法来解决城市交通问题。尽管路网结构100年来基本没有改变，道路也没有进行扩宽，同时在现有的主要道路又划出了自行车专用线，进一步挤占了机动车道的空间，然而交通与拥堵并没有变得更加严重。经统计，2000年至今进入市中心的车流量不仅没有随着人口发展而增加，反而减少了15%。调查显示多种因素导致了这样的结果：

1. 近年来大力发展的地铁和架空列车（Sky train）；
2. 市中心不断兴建的高密度住宅让更多人步行上班；
3. 自行车族的壮大；
4. 一部分"90后"奉行无车族生活。

温哥华全功能道路

享受没有汽车打扰的宁静生活

简单实用的地铁站

架空列车

温哥华轻轨

温哥华在1985年12月11日开通了这座城市的第一条地铁线世博线（Expo Line）。其实早在1933年温哥华就在市中心挖掘了一条地下隧道，世博线就利用了这条隧道线路。2002年温哥华开通千禧线（Millennium Line），2008年开通加拿大线（Canada Line），以及常绿线（Evergreen Line）。温哥华的地铁建设是由联邦政府投资大头，BC省政府投资中头，市政府投资小头。在地铁规划建设过程中并不是由政府一次性举债去建设完成，而是依据预算情况分步实施。例如一条新线路有20座车站，温哥华的做法是首先完成整条线路建设。如果预算只有建15座车站的钱，余下的车站可能会等待社会捐资来建设。列治文的卡普斯坦站（Capstan Skytrain Station）就是由几家地产公司联合捐赠了2 800万加币修建完成的。这样，市民获得了公共交通的便利，政府解决了预算不足，开发商在地铁开通中获得了利益。温哥华地铁走出了一条自己的运营模式。

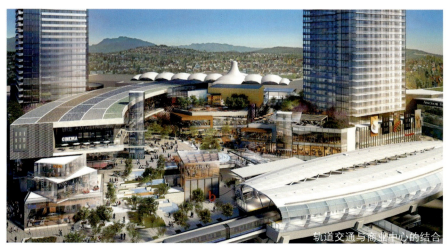
轨道交通与商业中心的结合

1933年的地铁隧道

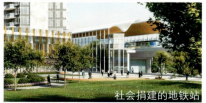
社会捐建的地铁站

停车权与停车方式

由于汽车时代的来临，停车位大量侵占着城市土地，停车问题也不同程度影响着城市生活。由停车带来的安全、景观、汽车尾气污染，以及对残障人士和老人儿童的出行的影响，对于消防与医疗救护专用车位的挤占，无一不与停车位的配置和停车管理相关。由运联(Trans Link)所做的统计，大温哥华地区机动车数量约200多万辆，停车位约330万个，相当于1:1:7的停车比。这样的停车比例保障了所有车辆都不会无家可归，并留有一定比例的挪移转换空间。

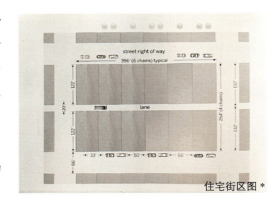

住宅街区图 *

别墅区

按照温哥华的规划，独栋、双拼、联排三种类型的低密度住宅的私家车由后巷进入自家车库。后巷也是城市垃圾车专用道（每户垃圾箱都放在后巷，以保持街面的整洁）。门前为住户私家车、访客停车及搬运车辆临时停靠，其他人没有停车权。

住宅区街景

公寓（Condo & Apartment）

出售类型集合住宅Condo和出租型集合住宅Apartment的停车通常为地下停车方式，在开发设计过程中，通常一居室及小二居赠送单车位。豪华二居及三居室赠送双车位。很多Condo同时赠送自行车和储藏间。出租类型公寓按需要配置公共车位，通常都能满足使用要求。所有建筑物门前只供临时停车和救护车、消防车及搬家车辆使用。为满足停车需求，温哥华很多超高层住宅停车场都挖深到地下7层。

高层建筑立体车库图

办公楼（Office Building）

办公楼停车分为自用停车（Reserved parking）和公共停车（Public parking）两种类型，划分不同的区域。这样，每栋写字楼除了满足自用停车需求外也为访客及公众提供了停车空间。所有的公共停车都实行自助缴费。

商业广场（Mall and plaza）

几乎所有商业中心、商业广场、银行停车场都免费停车。允许时限为2小时到4小时不等，如果非商业顾客停车或超时停车将被罚款。

商业街（Commercial Street）

温哥华的传统商业街不允许在店铺前区停车，所有车辆需停靠后巷停车位，新建商街则由后巷进入地下停车场。任何车辆均不允许侵占人行道，包括自行车和摩托车。由于没有汽车侵占，店铺可以设室外座椅，形成良好的城市商业景观。

泊车计费表（Parking Meter）

1946年温哥华建成了第一批路边停车计费表，最早的停车表以投硬币计费，现在有些还在使用。新表除了投币外也可电子计费。路边停车分为分时停车路段和全时停车路段。无论哪种方式，路边停车均不能超过2小时。

市中心路边没有私家车停放

人行路通畅

早期停车表*

现状停车表

绿色建筑

温哥华会展中心西区（Vancouver Convention Centre West）

温哥华会展中心西区是世界上第一座获得LEED白金认证的会展建筑。由于建于1986年的原有会展中心已经不能满足日益增长的需要，温哥华于21世纪初开始筹划建设新的会展中心——会展中心西区。2009年这座投资6亿加币的新会展中心建成，最令人印象深刻的是24 000平方米的绿化屋顶将建筑变成了海湾的空中花园。它不仅为市民提供了休憩场所，同时也是天然的保温隔热层。会展中心吸收海水作为建筑的冷热交换媒介，供应建筑空调系统使用，建筑物100%水资源重复利用，建筑屋顶与墙面大量使用木材等有机材料，成为环境友好型建筑的典范。

绿色屋面

平面图

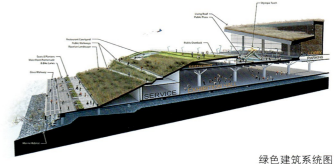
绿色建筑系统图

屋顶植被

节能建筑剖面图

屋顶休息厅

木吊顶

休息廊

会展大厅

有机材料作为建筑主材

人与天然材料形成亲切空间

建筑成为城市的亮点

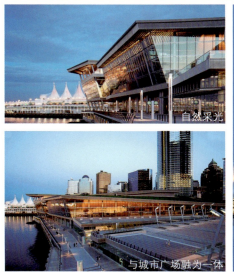

自然采光

与城市广场融为一体

绿色节能与建筑艺术的完美之作

范度森植物园游客中心（Vandusen Botanical Garden Visitor Centre）

范度森植物园游客中心是由 Perkins and Will Architects 设计，于 2011 年建成，项目获得 LEED 白金奖认证。这是一个将建筑技术与建筑节能完美结合的杰作。建筑外墙采用保温混凝土分层夯土结构，屋顶设计为绿化保温屋面。建筑中庭为空气自然旋流通风换气系统。建筑物利用地下热能作为建筑能源，室内外大量使用天然可循环降解材料。雨水系统得到全面利用，减少了自来水的使用量。

范度森植物园游客中心

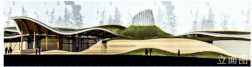

立面图

侧立面图

剖面图

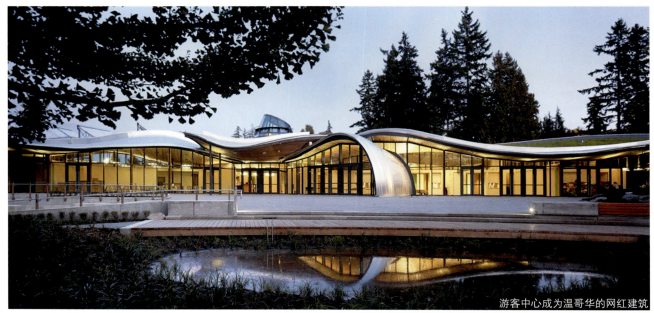

游客中心成为温哥华的网红建筑

自然通风中庭

屋顶采光

自然采光

屋顶花园

SEFC 邻里能源设施（SEFC Neighbourhood Energy Utility）

　　SEFC 邻里能源设施于 2010 年建成投入使用。为了减少城市的能源消耗，收集福溪沿岸地区城市下水系统中的余热，将其转换成供热系统，为奥运村地区 39 万多平方米建筑提供暖气和热水，节能热效率达到 70%。作为温哥华也作为北美洲第一座建成的余热能源再利用设施，这座建筑被用作为公共教育和宣传节能环保的一个展示窗口供人们参观。由此将环境理念与能源建设有机地结合在一起。

能源地标

清洁气体排放塔

能源中心服务区域*

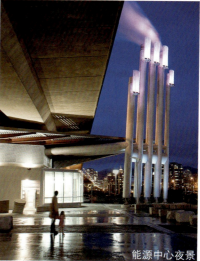
能源中心夜景

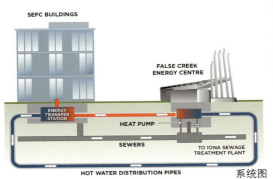

系统图

主机房

跨海大桥下的能源中心

加拿大地球大厦（Canada Earth Tower）

超现实主义建筑——加拿大地球大厦是一项大胆的建筑计划。项目邻近温哥华百老汇西街，由三角洲开发公司开发，项目委托著名的Perkins and Will Architects设计。建筑采用复合木结构，高度为40层，是世界上设计最高的木建筑。建筑设计为零能耗被动式节能建筑。建筑要实现两个目标：一是挑战复合木结构高度世界纪录，二是成为加拿大绿色建筑引领者。BC省在木建筑规范上一直走在世界前列。刚刚建成的UBC学生宿舍楼高12层，高度54米，全楼采用复合木结构材料建成，地球大厦目前还在项目审核阶段，一旦实施相信对于世界木结构建筑的发展将会带来引领作用。

地球大厦俯瞰

地球大厦局部

入口立面　　裙房立面

建筑分析图

阿伯尼大街1444号（1444 Alberni Street）

位于阿伯尼大街1444号的两栋48层高双塔公寓项目，将成为全球最高的被动式节能建筑。出于节能设计的考虑，建筑没有采用大面积玻璃幕墙，大厦外观带着一缕古典主义的往日情怀，设计师所要表达的是对20世纪30年代温哥华"黄金十年"的岁月回眸，让现代拥抱传统，让建筑在怀旧的氛围中透露出新科技的曙光。

世界最高的被动式节能建筑　　传统风格的节能建筑

绿色城市行动纲领

自 1990 年起，温哥华不断推出绿色行动计划，用以设定一个时间段的行动目标和行动纲领。1990 年发布的"变化云报告"（Clouds of change report），提出了气候变化警告和绿色城市指引；2011 年提出的"2020 最绿色城市行动计划"（Greenest City 2020 Action plan），计划到 2020 年，使温哥华成为世界最绿色环保的城市；2018 年提出的"2040 零废弃物计划"（Zero Waste 2040），计划到 2040 年，使温哥华成为零废弃城市。此外，2035 年取消燃油汽车计划，2020 年禁塑计划等分项计划也不断推出，以促进城市总体目标的阶段性实施。

在温哥华，绿色城市发展不是以牺牲公众利益为代价的政治行为，而是被全社会所接受的共识。它是将环境难题通过政策奖励，市场开发和新技术、新产业转化成新的商机来让社会受益。温哥华市政府对于通过审核的建设零能耗（Zero Emission Building, ZEB）项目有 5% 的增加面积奖励。通过商业利益引导开发商建设零能耗被动式房屋。

2017 年，政府在温哥华 5 个社区对 15 000 栋独立屋进行热能探测，测试房屋的能源利用率，以便降低旧有房屋的能源使用费用。热能图像仪使用不同颜色显示不同温度。这样，房主就知道房屋哪些部位存在热能流失。有了这些数据，居民就可以使用隔热材料或更换门窗达到节能目的。首先，让居民了解改造后几年时间可以通过节能改造节省电力、煤气费用而收回成本。其次，对于改造原有低效锅炉变成高效锅炉，改造屋顶与墙体保温及更换隔热门窗，政府给予现金补贴。

2019 年，国际绿色建筑采用指数（IGBIA）符号显示温哥华超过 50% 的写字楼达到绿色节能标准，排名居世界首位。

2020 绿色行动纲领

绿色行动目标 *

热成像探测

It's time to shift our thinking about waste.

Zero Waste 2040

> Our vision is for Vancouver to be a zero waste community by 2040.

2040 零废弃物计划 *

最绿色城市工作框架 *

禁塑令

根据《纽约时报》报道，在海洋中，塑料和生物的比例已经达到了 1∶2，在太阳的作用下，塑料的吸热是海洋温度上升的主要原因之一，而每年因为废弃塑料死去的海洋生物大约 10 亿只（条）。如果不改变这种现状，到 2050 年，海洋中的塑料垃圾将比鱼类还多。

温哥华的禁塑令是"2040 零废弃物计划"的分阶段实施节点。2019 年温哥华禁止使用塑料吸管，而以纸制品替代。2021 年禁止使用塑料购物袋。纸袋和循环使用购物袋将会成为替代品。其实现在各大商场就可以用积分免费领取循环使用的购物袋。

艺术家用塑料废弃物创作的雕塑

温哥华远眺

There is no paradise city in the world

第八章

宜居永远在路上

温哥华还宜居吗?

世界上没有天堂城市,温哥华亦如此。自 2012 年后,温哥华在世界宜居城市排行榜上由连续七年的第一名滑落到第三名。虽然说大可不必在意这种排名的先后几名之差。城市的宜居性本来就在动态变化之中,但是,这种变化的背后预示着温哥华这座城市在宜居性方面出现了问题。据统计,2016 年温哥华住宅价格涨幅位居全球第一。住宅的不可负

温哥华住宅区俯瞰

担性（Housing Unaffordable）位于发达国家第二位。温哥华房屋均价超过了100万加币/户。而在温哥华西区，房屋均价更是超过260万加币/户。高昂的房价不仅低收入阶层负担不起，连中产以上家庭也开始感到压力沉重。

当然，宜居城市的负产品就是高房价。温哥华是一个人口净流入的城市。对于寻求高品质生活的人们来说这里是一个理想之地。每年5万多来自世界各国的移民选择来这里定居，每年几万名大、中、小学留学生从世界各地来到这里求学，商务人士的动态居住，退休人士租（购）房养老。这些需求无形之中都提高了房价。除此之外，很多外国人选择在这座城市购买度假房产，美国人历来是温哥华房产的第一大买家。中东富豪喜欢市区豪宅的顶楼（Penthouse），坐拥英吉利海峡的无敌美景，夏天在这里避暑，冬天去惠斯勒滑雪。1997年以后，大量来自中国香港、中国台湾、中国大陆、韩国的买家开始投资学区房，除了自用以外，还把它变成了投资产品。诸多因素都促成了温哥华房价居高不下，本地居民怨声载道。住房问题成了温哥华严峻的社会问题，不仅影响了城市宜居性，也对于吸纳人才和产业发展带来了不利的影响，全社会为此都在寻求解决之道。

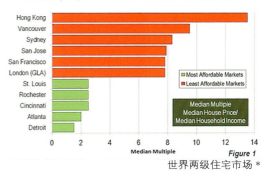

Figure 1
世界两级住宅市场*

CBD区一角

市中心住宅

奥运村

城市中心

城市远眺

日落海滩

空屋税（Speculation and Vacancy Tax）

温哥华是北美 22 个大都市中房地产税最低的城市，税率仅为 0.26%，因为保有成本低，很多买家持有多套房产等待升值，并不出租。而无力购房的人又无房可住，造成了房屋居住市场的异常紧张。因此，政府于 2016 年出台了空屋税政策，要求所有屋主在每年 3 月 31 日前必须申报房屋的使用状态。如果房屋空置超过半年（183 天）没有出租或满足其他豁免条件，则需依据上一年房屋政府估值，按比例缴纳空屋税。加拿大公民，永久居民并且是 BC 省居民，缴纳 0.5%；加拿大公民，永久居民，非 BC 省居民，缴纳 1%；外国投资者需缴纳 2%。

温哥华高层住宅

外国买家税（Foreign Buyer's Tax）

自 2017 年起凡在大温哥华地区购房的外国买家，需支付外国买家税，2017 年税额为房价的 15%，2019 年增加到 20%。此项税收仅限于住宅，商业地产和工业地产免征外国买家税。

空屋税和外国买家税的推出，对于平抑房价起到了明显的作用。数据显示，经过三年调控，2019 年，温哥华独立屋、双拼和联排别墅售量下降了 48%，房屋价格下降了 25%~30%。而刚需的公寓则基本保持平稳。温哥华的房产政策有效地遏制了房价的快速上涨，平抑了房屋价格。很多美国热点城市纷纷考虑效仿温哥华的做法来调控过热的楼市。

温哥华多层住宅

甘比走廊（Cambie Corridor）

长久以来温哥华坚持低层低密度的西岸生活模式，独立屋占据 80% 的居住用地。1986 年温哥华世博会后，城市开始调整规划，向高密度与低密度相结合的方向发展。甘比走廊是近十年来温哥华一次重大的规划调整，是由低密度独立屋向高密度公寓及商业转化的一条代表性街区，整体规划为中低密度的 6 层限高公寓，以保障居住品质。在四个地铁站区范围建设高层及超高层商住中心节点区，形成城市公共交通，

甘比走廊街区

建筑密度与建筑品质之间的有机平衡。

沿甘比主街,纵深150米内的独立屋均可以申请改为双拼住宅,可以将居住户数增加一倍。并在全市范围开放后巷屋建设许可,独立屋、双拼别墅均可独立建设供出租使用的小型居住单位(后巷屋)以增加城市住宅供应。

2019年,温哥华居住在高层与多层公寓的居民比例已经达到38%,集合住宅比例位居北美西岸首位,并且这一比例在逐年提升。不久的将来,相信温哥华绝大多数居民会逐渐习惯于接受高层或多层集合住宅的生活方式,而独立屋随着时间的推移将会成为奢侈品。

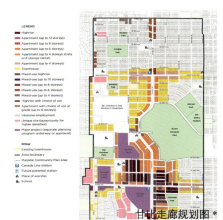

甘北走廊规划图*

高层住宅

商业

多层住宅1

多层住宅2

多层住宅3

多层住宅4

可负担住房和社会屋(Affordable Housing and Social Housing)

可负担住宅是针对低收入至中等收入的家庭或个人,但又没有资格获得住房补贴的人们提供的低于市场租金的住宅。基本申请条件:加拿大及BC省居民、独立生活、有收入来源。任何人都可以申请可负担住房，政府并不担心有高收入者来侵占这一部分社会资源。因为租房人需要支付收入的30%作为房屋租金。举例来说，一个月收入3 250加币的租房人只需支付975加币就可以租到一套可负担住宅，而如果是月薪1万元的高收入者花3 000加币（30%的收入）在社会上本来就可以租到很好的商品住房，没有必要来挤占这部分公共资源，毕竟可负担住宅的居住条件要低于商品住宅。

社会屋是指由政府机构或非营利性组织拥有的为生活困难家庭、残疾人、老年人提供的住房。近年来，政府为了增加社会物的供应量，规定在一个私营投资项目中，如果有30%以上的居住单位是社会屋，即使剩余70%住房以市场价格出租出售，仍被视为社会住房，享受政府的税收、容积率等优惠政策。在温哥华，2019年的低收入标准为38 500加币。低于这个收入标准就有资格申请社会屋。

小山社会屋（Little Mountain Social Housing）

位于女王公园以南，中心街道以北的小山再开发项目分二期工程，共建设282单位社会屋和130单位商品住宅。

小山居住区

多层社会屋

高层社会屋入口

戈尔大道211号社会屋（211 Gore Avenue Social Housing）

位于市中心东区由拘留所改建的社会屋，委托著名的Henriquez Partners Architects设计，2011年政府出资1 300万加币改建完成，提供96套社会屋，最低标准社会屋为375加币每月。

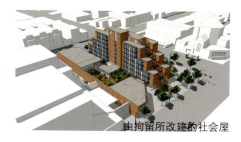
由拘留所改建的社会屋

原拘留所建筑　　　　　　改建后立面　　　　　　社会屋及配套

温哥华东区社会健康与居住综合项目（East Vancouver Integrated Health and Social Housing）

温哥华东区社会健康与居住综合项目，提供100套社会屋及戒毒治疗中心。

社会屋及戒毒治疗中心　　　　　　建筑入口及广场

斯特拉斯科纳村（Strathcona Village）

位于温哥华东区斯特拉斯科纳村项目面向社会低收入阶层提供了350套可负担性住宅及商业住宅。

位于海港旁的集合住宅　　　　　　商业住宅与可负担住宅

共同住宅 / 合作屋（Cohousing）

合作建房是温哥华解决住房问题的另一种尝试。通常是几户或十几户相邻的独立屋业主经过协商同意，拆除原有老旧住宅，共同出资合作建房。通常是请一家开发商代他们办理申请手续、委托设计、选择建筑施工单位、确定建筑材料、提出工程预算等专业工作。业主则组织一个业主委员会提出自己的居住与功能要求。由于是在自己的土地上建房（加拿大土地属于永久私有），成本会大幅度降低，对于无力承担高昂房价，又拥有独立住宅用地的人们来说无疑是一种选择。

雪松合作屋（Cedar Cottage）

雪松合作屋

合作屋位于33街东段，维多利亚街和骑士街之间，项目包含29套私有住宅，2套出租公寓。项目内建造一栋650平方米公用屋为全体住户使用。共用屋设公共厨房、餐厅、客厅、儿童活动室、咖啡厅及2间客房、1间瑜伽室。共用屋的目的是减小每户的客厅、餐厅和厨房面积，在接待客人和举行生日聚会等活动时有足够大的共享空间供业主使用，项目于2016年3月建成入住，这是温哥华第一栋建成投入使用的合作建房项目。

Tomo合作屋（Tomo House）

它是一个小型住宅项目。由合作房屋机构我们的城中村（Our Urban Village）和开发商托莫空间公司（Tomo Spaces Inc）以及业主三方合作完成。在两块相连的独立屋用地上建设12单位公寓，其中3个单位用作可负担住房，其余9个单位供出租使用，租金从每月950加币到2000加币不等，项目于2018年通过了审核批准。时任温哥华市长Robertson对这一项目给予了高度评价："它代表了温哥华挑战住宅市场的一种革新，我们将使用所能拥有的各种工具来解决温哥华的住房需求。"

设计模型

合作屋外观

合作屋内院

大麻之忧

2018年10月17日,加拿大成为全球第二个"大麻(Marijuana)合法化"国家,在投票通过"大麻合法化"后,反对派参议员Linda Frum发推特说"This is sad day for Canada's kids"(这是加拿大的孩子们悲伤的一天)。依据新法规,所有年满19岁以上的成年人都可以在政府批准的大麻专营店购买大麻及含有大麻成分的饮料、糕点、巧克力和糖果。并且BC省的法律规定每个成年人都可以合法种植和拥有4棵大麻。大麻在巨大的社会争议中,成了不得不去面对的事实。

大麻日集会

大麻店

吸食大麻

大麻日的温哥华海滩

温哥华无疑是争取"大麻合法化"的先锋城市,是加拿大的大麻之都,在"大麻合法化"之前,每年4月20日"大麻日"都会有几万人聚集在广场海滩吸食大麻,以促使政府通过"大麻合法化"。

依据基础的心理分析,大麻本身没有物理成瘾性,但属于致幻剂。同比烟草(尼古丁)、咖啡的物理成瘾性,酒精和糖的心理成瘾性,大麻似乎并不可怕。但另一个问题是,大麻属于入门毒品,有可能(出于猎奇心理)因此诱导吸食其他毒品。

伴随而来的芬太尼等现代廉价毒品已经成为温哥华难以应付的严重社会问题。毒品引发的贫困、无家可归、家庭破裂、失业和犯罪愈发严重。大麻与毒品成了温哥华需要面对的社会新挑战。对儿童与青少年的教育和保护也变得更加复杂。尽管政府出台若干对于大麻和其他毒品的规定,但需要时间对其进行验证。

东黑斯廷街一角

无家可归者

吞云吐雾

不能自拔

气候变化（Climate Change）

根据加拿大环境部的一份报告，自20世纪初以来，加拿大平均气温升高1.7℃，BC省升幅更大。而同一时期全球平均气温升高0.8℃，这意味着加拿大平均气温升幅是全球的2倍。有学者推演，全球气候带的变暖逐渐北移，到2050年将北移1 000千米。若依据这种推演，那时的温哥华将会变成今日干旱少雨的美国加州气候类型。而近些年来，历史上少有的森林大火每年夏季都在大温哥华周边肆虐，并且有逐年增加之势。受山火影响，短时期空气指数变得非常糟糕。

将被海水侵蚀地区 *

气候的变化首先让人们担心的是大温哥华的低陆平原地区。列治文、三角洲、素里等地区平均海拔只有1米，部分地区甚至与海平面等高。温哥华国际机场跑道仅高出海平面1米。气候影响已经近在眼前，列支预算、加高堤坝的工作已经在进行之中。列治文为防御海平面上涨，按计划再加高海墙堤坝。堤坝加高1.6米到4.9米高，利用海堤作为自行车道、健身步道、儿童游戏场、游艇码头等设施。然而，以温哥华的财政状况与基建能力真的能应付气候变化吗？

护岸设施 *

碳税（Carbon Tax）

所谓碳税应称为碳排放税。2008年起BC省成为加拿大乃至北美第一个实行碳税的地方政府。每吨35加币的碳税也成为北美最高昂的收费。如果加到每升汽油上会增加6.67分，比如给本田汽车加满容量47升的油箱，需要比没有碳税多付3.1加元。难怪BC省汽油价格成为全北美最贵的地区。碳税深刻地影响了人们的正常生活，由于用电价格远低于汽车燃油价格，大温哥华100%的出租车改为电动汽车。温哥华至今仍在运营着世界最大的城市无轨电车公交系统，而私家车也在快速向电动汽车转化之中。温哥华计划在2035年全面取消燃油汽车。

充电处

宜居永远在路上

创新之城

温哥华是一座品牌发源之地，一座有着宽松环境的创新之城，创新品牌多以运动、健康、环保为特色，反映出这座城市的特质。

露露莱蒙（Lululemon）

世界著名瑜伽（YOGA）运动品牌露露莱蒙于1998年创立。运动服饰以贴身、舒适而深受喜爱。2019年露露莱蒙新总部大厦设计方案对外公布，这座6万平方米的总部大厦位于福利街（Foley）街，公司宣称这将是世界上最健康的建筑。

露露莱蒙标志

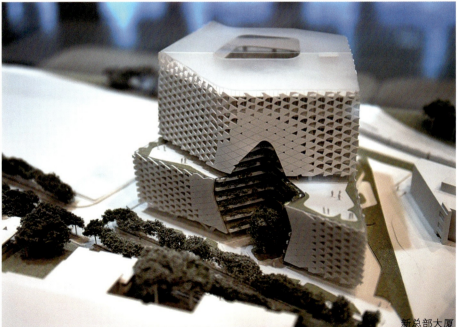
新总部大厦

建筑局部

建筑入口

总平图

始祖鸟（Arc Teryx）

　　总部位于北温哥华的著名休闲运动品牌始祖鸟，于1989年创立，以高科技面料防水透气性能著称，被誉为休闲运动第一品牌，如今风靡全球。

始祖鸟商标

专营店

旗舰店

伯第斯巧克力（Purdy´s Chocolates）

　　1907年由理查德伯第斯创立的伯第斯巧克力是知名的小众品牌巧克力，它以纯浓丝滑的味蕾体验，代表了温哥华对精致生活的态度。

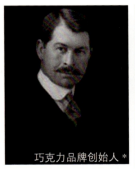
巧克力品牌创始人*

雕塑

精美巧克力礼盒

秀色可餐

深受喜爱的伯第斯巧克力

MEC 登山装备（MEC Mountain Equipment）

国际著名运动品牌 MEC 创建于 1971 年，是登山、滑雪、骑行、露营、垂钓等户外运动用品专营企业。

冰雪运动装备

户外运动装备

三轮电动车（Solo）

在北美洲，每天有 1.1 亿人驾驶私家车通勤上班，其中有 1.05 亿人独自驾车。Solo 是基于这样的数据基础创作出的单人三轮小型电动车，它是兼有汽车的舒适与摩托车的尺寸，主打节能环保。诞生于温哥华的 Solo 在纳斯达克上市之后受到热烈追捧。

创新产品

实用节能

街头行驶

时尚炫酷

轻奢一族

美食之都

温哥华依山傍海，拥有广阔的城市腹地，食材丰富新鲜，来自阳光海岸北部山区的松茸、灵芝及各种食用菌类，是大自然馈赠的珍稀食材。低陆平原是世界主要蓝莓产区。丰沛的水源使得温哥华地区成为世界三大红莓产地之一。充足的阳光、洁净的水质和适宜的土壤条件孕育出欧肯纳根湖畔优质葡萄园和美酒。漫长的海岸线，使得温哥华拥有丰富的海鲜食材，温哥华蟹（太子蟹）、象拔蚌、斑点虾（蝴蝶虾）、生蚝、野生三文鱼均是温哥华特产。

鸡油菌　　羊肚菌　　松茸　　灵芝　　蓝莓　　红莓

作为一个移民城市，来自世界各地的移民为温哥华带来丰富多样的各国美食及烹饪料理。近年来，温哥华的工艺啤酒发展迅猛，2017年被评为"北美工艺啤酒之都"（Craftbeer city）。舌尖上的幸福让温哥华这座城市更增添了它的宜居元素。

温哥华蟹　　象拔蚌　　蝴蝶虾　　野生三文鱼

石斑鱼　　生蚝　　龙虾　　海胆

海鲜餐厅

比萨店

街头酒馆

海景餐厅

北方好莱坞

温哥华的电影业以良好的发展势头逐渐成为城市支柱产业之一,它是继洛杉矶、纽约之后第三大制片中心,被誉为"北方好莱坞"。温哥华以其丰富的自然景观、多元化城市文化、极具特色的建筑、以温哥华电影学院为基础的影视人才,以及BC省的影视制作退税政策(达到35%的退税额),再加上温哥华国际电影节、亚洲电影节、温哥华国际儿童电影节的促进,从外景拍摄到后期制作,温哥华形成了完整的产业链。近年来,亚洲影视剧组大量选择温哥华作为拍摄与制作基地。像中国影片《北京遇上西雅图》,主要场景就是在温哥华拍摄的。好莱坞大片《X档案》《杀手本能》《外星界限》《超人前传》等均在温哥华拍摄制作。电影业已经成为温哥华重要的支柱产业。

温哥华电影节*

温哥华街头拍摄

体育场拍摄

国家公园取景

 UBC玫瑰花园1
 海天吊桥1
 卑诗体育馆1

 UBC玫瑰花园2
 海天吊桥2
 卑诗体育馆2

 范度森植物园1
 UBC人类博物馆1
 瀑布大厦1

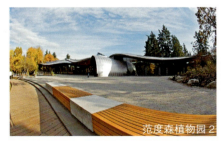 范度森植物园2
 UBC人类博物馆2
 瀑布大厦2

 海港大厦
 加拿大邮政大厦
 会展中心西区

高科技新城

温哥华得天独厚的环境,强大的人才吸引力,高品质生活质量,比硅谷有竞争力的运营成本,和硅谷位于同一时区的便利,众多因素使得温哥华成为快速崛起的高科技之城。目前高科技行业在温哥华 GDP 中占比已经超过了传统产业排在了首位。世界著名公司 Google、Microsoft、Amazon、Apple、Wework、Salesforce、Yahoo、Facebook 均在温哥华开设第二总部或地区总部。万事达国际组织在温哥华建立全球性网络中心。依托于 UBC、SFU,温哥华在生物科技和医药领域享誉世界。

高科技办公楼

微软公司温哥华总部

苹果公司温哥华总部

温哥华 CBD

Wework 温哥华总部

谷歌公司温哥华总部

温哥华获得北美高科技城市发展首位

会议中心夜景

根据 2020CBRE 北美科技 30 报告，温哥华在过去两年以 29.2% 增长率引领美加两国前 30 名科技市场。

在 2018 和 2019 年，温哥华创造了大约 14 200 份新科技工作来证明这点。这些新科技工作占据 69% 的新办公室工作。这和前一阶段只有 3% 的城市增长率有着巨大的反差。

1. Vancouver +29.2%
2. San Francisco +26.9%
3. Austin +22.9%
4. Seattle +21.9%
5. New York +18.4%
6. Toronto +17.1%
7. Dallas/Ft. Worth +16.4%
8. San Diego +15.4%
9. Los Angeles +14.5%
10. Denver +13.5%
11. Baltimore +11.6%
12. Atlanta +11.4%
13. Nashville +11.2%
14. Boston +10.2%
15. Salt Lake City +10.0%
16. St. Louis +9.7%
17. Indianapolis +9.2%
18. Orange County +7.7%
19. Portland +7.7%
20. Raleigh-Durham +7.1%
21. Washington, DC +5.8%
22. Silicon Valley +5.2%
23. Pittsburgh +4.7%
24. Phoenix +4.6%
25. Chicago +4.1%
26. Philadelphia +2.8%
27. Minneapolis -1.5%
28. Detroit -2.0%
29. Montreal -3.0%
30. Charlotte -10.9%

科技市场比重 *

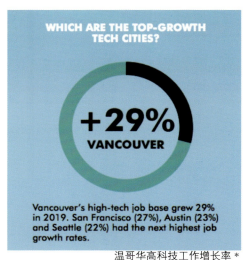

温哥华高科技工作增长率 *

Appendix
附录

历年来国际上对世界宜居城市进行评价的组织主要有三家权威机构：

- Mercer Quality of Living Survey（美世城市生活质量）
- The Economist Intelligence unit（经济学人智库）
- Monocle

温哥华曾连续七年获得"世界宜居城市"第一名，连续二十多年获得"世界宜居城市"前十名，每家机构对宜居城市的评价角度略有区别，因此评选结果略有不同。

Mercer

世界著名咨询机构美世（Mercer Quality of Living Survey）对于宜居城市的评价因素有10项：

- Political and social environment（political stability, crime, law enforcement, etc.）

政治与社会环境

- Economic environment（currency exchange regulations, banking services）

经济环境

- Socio-cultural environment（media availability and censorship, limitations on personal freedom）

社会文化环境

- Medical and health（medical supplies and services, infectious diseases, sewage, waste disposal, air pollution）

医疗与健康

- Schools and education（standards and availability of international schools）

学校与教育

- Public services and transportation（electricity, water, public transportation, traffic congestion, etc.）

公共服务与交通

- Recreation（restaurants, theatres, cinemas, sports and leisure）

休闲娱乐

・Consumer goods（availability of food/daily consumption items, cars）

消费品

・Housing（rental housing, household appliances, furniture, maintenance services）

住宅

・Natural environment（climate, record of natural disasters）

自然环境

EIU

经济学人（The Economist Intelligence unit）的评价主要依据五大部分，共39个影响因素来对全球140座主要城市进行调查分析。

Stability（社会稳定性，权重为25%）

Health（健康，权重为20%）

Culture & Environment（文化与环境，权重为25%）

Education（教育，权重为10%）

Infrastruction（基础设施，权重为20%）

Monocle

英国著名杂志 *Monocle* 对于宜居城市的评价基于八个方面：

Transportation（交通）

Infrastruction（基础设施）

Cultural activities（文化活动）

Cuisine（饮食）

Housing Costs（住宅消费）

Abundance of public spaces（公共空间充裕度）

Business（商业）

Climate（气候）

2019年美世全球最宜居城市排行

1　维也纳·奥地利

2　苏黎世·瑞士

3　温哥华·加拿大

4　慕尼黑·德国

5　奥克兰·新西兰

6　杜塞尔多夫·德国

7　法兰克福·德国

8　哥本哈根·丹麦

9　日内瓦·瑞士

10　巴塞尔·瑞士

11　悉尼·澳大利亚

12　阿姆斯特丹·荷兰

13　柏林·德国

14　伯尔尼·瑞士

15　惠灵顿·新西兰

16　多伦多·加拿大

17　墨尔本·澳大利亚

18　卢森堡·卢森堡

19　渥太华·加拿大　　　　　　　　20　汉堡·德国

注：本文图注后带"*"的图片均来源于温哥华政府网，其他图片均为作者自摄。

本书编辑过程中得到了王紫梅、徐敏、徐颖、李馥同、董婉婷、刘庆武、姜海涛、张谦、张健、石铎、于潇然等人的许多帮助，作者在此深表谢意。

郭旭辉

2020 年 6 月

This book dedicated to my son Dawei Guo and daughter Katherine P.L Guo, they are so lucky to grow up in this beauty, safety, culture diversity livable city.

谨以此书特别献给我的儿子Dawei和女儿Katherine。能够在这座美丽、安全、文化多元的宜居城市里长大,他们是幸运的。